積極精神に生きる

創業の人・石橋信夫の心とともに

大和ハウス工業株式会社
最高顧問
樋口武男
［編著］

PHP

序

過去から未来へ――「創業の人」の心をつなぐ

振り返ると、あっという間だった。

独立して自分の会社を創りたい。若い頃は秘かにそんな夢も抱いていたが、大和ハウス工業という会社に中途で入社してからは、とにかく毎日の仕事に懸命に向き合った。誰にも負けないだけの努力を重ねてきたつもりだ。

やがて、重責を任されるようになり、慌ただしくも仕事三昧の日々のなかで、経営の師とも、人生の師とも、父ともいえるような大きな存在と身近に接する機会が増えてきた。

片足が少し不自由だったその人は、全国各地を精力的に飛び回る人だった。まさに「積極精神」の塊《かたまり》のような人だった。

厳しくて怖くて威厳があった。けれども、どこか優しく、温かい。深い愛情の持ち主でもあった。いつも経営にかかわる諸事に心を砕いていたが、暇を見つけては鮎釣りを愉しむ。そんな一面もあった。

「創業の人・石橋信夫」とは、そういう人だった。


その人が生きたのは、日本が戦争をした悲しい時代でもあった。戦地で負傷し、身体が動かなくなり、死と向き合うことになった。生をあきらめかけたそのとき、一人の看護師の強い励ましに勇気づけられ、救われた。

生き抜く力を取り戻してからは、その後の苦難も乗り越え、帰還した。

日本が復興の道を歩みだすなかで、大和ハウス工業を創業し、その経営にあたっては、いかんなくリーダーシップを発揮した。

戦地での体験からくるものなのか、人間の可能性というものを、とことん信じ切る経営者だったように思う。

人間は生を享《う》けてから、いずれ死ぬことが宿命づけられている。その自然の摂理というものを若くして強烈に意識させられた人にしか醸《かも》し出せないものを、私なりに感じ得ていたのかもしれない。

私はいつしか、その人間的魅力に引き寄せられていた。この人との出会いが、私の運命を方向づけたといっていい。

経営の世界でなら、私もさまざまな修羅場を経験してきたつもりだが、今日の成功者が明日には没落者になるのが、この世界である。どんなにすぐれた商品にだって、寿命がある。成功と失敗、成長と後退は常に表裏一体である。

成功のなかに失敗が潜み、失敗のなかに成功が潜む。経営の場で生きる者は、この矛盾を前向きに受容して、成長・飛躍の源泉にしていかなければならない。

石橋創業者から私は、「カネがないから、儲けることができる」と教えられた。それは、あの松下幸之助さんから直接学び得た経営の極意だったという。矛盾は発展の源泉なのである。

石橋創業者の大和ハウス工業の舵取り、その経営の手腕について、ずっと間近に見てきた私がいえるのは、ごく自然に、創造的破壊を実現する経営者だったということだろう。

当社は創業期から「建築」を事業の主軸にしてきたが、「建築は請負である」という当時の既成概念に縛られることなく、建築を「商品」として、工場生産化に踏み込んだ。企業体としての成長を大きく促すことになったその決断の前提に、「先の先を読む」力があったことはいうまでもない。

さらにいえば、常に「走りながら考える」人だった。どんなに忙しくても、身近なことからヒントを得て、事業化や販売に結びつくアイデアを創造する努力を欠かさなかった。そうして実行するとなると、とにかくスピード感の要求が強かった。

いまの日本社会は少子高齢化に悩まされているが、当社の草創期は、多子化傾向でベビーブームまであった時代である。学校の校舎が足りない。そんな社会的課題を解決する策として、パイプハウスの移動教室を提案した。

事業を進めるうちに、家庭に子供部屋がなく、子供の居場所がないという問題が見えてきて、日本でプレハブ住宅の原点となる商品、すなわちミゼットハウスというアイデアを生みだした。ミゼットハウスは爆発的に売れて世の中に普及した。

こうした時期の躍進と躍動が、当社の経営基盤をつくっていったことはいうまでもない。

私は二〇二〇年に会長職を退き、最高顧問という立場になって、後進の人たちに経営を任せることにしたが、振り返ればその経営の道には、前方に常に偉大なる「創業の人」がいたように思う。「同行二人」とも私は言ったが、いつも進むべき道へと導いてくれた。

生前はもちろん、没してもなお、そうだった。「創業の人」とは、私にとっては石橋創業者だが、直に接したことのない多くの社員にとっては、「創業者精神」であり、「創業理念」であり、「経営理念」であるといっていいだろう。経営における生きた学びを得るのは、生きている人からだけではないのだ。

この「創業の人・石橋信夫」から私が得たすべてを、次の世代の人たちに引き継いでいくことは容易なことではない。けれども、伝えることに専心努力し続けることが、恩返しにもなると考えている。

経営陣だけでなく、全社員が同じ拠《よ》り所をもって、日々の仕事に精励することができたなら、強くて優しくて、多くの人から愛される立派な企業になることだろう。社会から必要とされる会社になるだろう。そうした想いのもと、本年九月に石橋創業者の生誕百年を迎えるこの機に、私が伝えておくべきことを、この本に凝縮するよう試みたつもりである。

創業者精神が息づく言葉を、現代の表現にして取り上げ、私なりの理解と解釈も添えたが、私は著者ではなく、編著者としてこの本を書いた。この本の著者は、私であって私ではない。「創業の人・石橋信夫」と私の「同行二人」による成果物としたかったからである。


最後になるが、本書で紹介する「石橋信夫」という唯一無二の存在によって育まれた創業者精神は、当社グループの社員だけでなく、世の中でいま活躍をされていて、これからの経営を担う多くのビジネスパーソンにも参考になるものと信じている。それだけの普遍性と不変性があると思うからである。

ぜひ多くの人に味読頂きたいと思う。そしてそれぞれの人生や仕事・経営においていて、少しでもお役に立てるようであれば嬉しい限りである。

二〇二一年三月

大和ハウス工業株式会社
最高顧問　樋口武男

積極精神に生きる◆目次

◆第三部 人間への愛情
――喜びはみんなで分かち合う

◆第四部
企業の闘い
――現場で挑戦し続ける

◆第五部
夢とは志
――明日は今日の延長線上にあるのではない

構成協力：藤木英雄（ＰＨＰ研究所）
装丁：大杉泰正（ｉＲデザインスタジオ）

第一部

積極精神に生きる

――創業者精神とともに未来へ

1 積極精神を漲《みなぎ》らせて

登れない山はない。
渡れない河もない。
「どうしてもやるぞ」という
積極精神こそが、
企業にとって最良の資本となる。

事業経営には資本が要《い》る。
その経営をさらに力強く発展させるには、
貸借対照表に示されない「無形の資本」が必要になる。
それは、一人ひとりの社員が、
日常の仕事において発揮する「積極精神」である。
「やろう」「どうしてもやるぞ」という精神である。

なぜそう断ずることができるのか。
社員が「コスト」ではなく、「資本」であり、
その資本から生みだされる無限の可能性を、常に信じてきたからである。
会社で働く一人ひとりが発揮する創意と、
旺盛なる積極精神によって、

日々積み上げられる効率性と生産性の向上が、事業伸展の道を切りひらくことを常々体験してきたからである。人材はまさに「人財」なのである。

積極精神が漲る人は、今日の仕事を明日に残さない。しっかりと一日の計画を立て、確実に実行し、反省もする。自分に厳しく、自分に打ち克つ。

その毎日の連続が、会社の利益を生みだす源泉となる。艱難《かんなん》に遭っても、「窮すれば通ず」の心持ちで、現状を打破する新しい見方や考え方を編みだしていく。営業であれば、交渉成立に懸ける情熱とファイトが、すぐれた策を引きだして、成果を呼び込むことになる。

技術開発では、ようやく新製品を開発したその瞬間に、
次なる生みの苦しみも始まるが、
積極精神の持続によって、新たな創造の扉をひらくにちがいない。

登れない山はない。渡れない河もない。
安易な道よりも、困難な道を選ぶ。
不遇なときほど、前に打って出る。
危機は革新の好機と心得て、
不況時には、汗と知恵を振り絞り、乗り越える。
そうした積極精神こそが、
企業にとって最良の資本であることを固く信じて、
力強く日々の仕事を進めていきたいものである。

スピードという無形のサービスに、人は価値を見いだす。

自然災害はときに人間の日常の平安を脅かす。
被災地が何よりも望むのは、ライフラインの迅速な復旧であろう。
支援する側の企業では、避難生活に最も必要とされる物資を、
素早く供給する体制の構築が使命となる。
飲食料の提供や、応急仮設住宅の設置といったことに、
それぞれが有するパワーを集中させることが、
何よりも優先され、日々鍛え上げてきた積極精神とスピードが、
ここで試されることになる。

平時においては、必要とされる商品やサービスを絶えず創造し、
必要とする人に、販売して提供することで、
企業は世の中のお役に立つことができる。

けれども、どんなによい製品を開発しても、
販売ができなければ、社会に貢献することはできない。
まさに「販売なくして企業なし」であり、
その販売力の向上に、積極精神とスピードは欠かせないのである。

積極精神を発揮して、仕事のスピードを高めると、
「時間を値切る」ことさえ可能になる。
生産性を高め、資本の回転を速め、「時間のムダ」をなくすことで、
借入金や在庫などについてまわる利息の負担までも軽減し、
あらゆる「お金のムダ」を減らすことにつながるからである。
また、顧客の満足度に影響を及ぼす提供スピードも、
より速度を高めることで、売上高を増やすことになる。

新幹線の乗車料金が、同じ距離を走る普通列車よりも格段に高いことを、私たちは当然のことだと理解する。
それは、スピードという「無形のサービス」に、人が価値を見いだしているからであろう。

ではその無形のサービスを向上させ続けるために、私たちがなすべきこととは何か。
「凡事徹底」であろう。
決めた納期を守るために、その工程でみんなの力を合わせる。
常に整理整頓を欠かさず、
あらゆるムダを発見し、省く努力を欠かさない。
必要とされるさまざまな点検も確実に実行する。

あたりまえのことを着実に実行していくことで、
全社的なスピードの向上がはかられ、
お客様や取引先との約束も果たされる。
信頼関係はますます強固なものになる。
そうしたなかで新たに生みだされる商品が、
時代と共振してブームを起こすことになれば、
事業経営はますます伸展する。
自ら起こしたそのブームに乗りつつも、積極精神を発揮し続けることで、
さらに新しいブームを創造することも可能となるだろう。

自らに変化をもたらすには、創意と誠意と熱意が欠かせない。

世界が驚嘆する復興を遂げた国がある。かつての日本である。

終戦後の復興から高度経済成長期まで、日本経済を牽引した経営者たちは、「人間、やろうと思えば何でもできる」ことを証明してみせた。

困難に遭って、「できない。それは無理だ」とあきらめなかった。

だが、時代は移り、大きく成長を遂げた日本では、仕事観や人生観、さらには成功観も変わってきている。

後続の世代を導く立場にいる者は、どうすればいいのか。

「やれないことはない。あきらめるな」と言えば、「いや、こんなに努力している」と言われる。

事実がどうかは別として、ここで気づくべきは、努力に対する「考え方」も変わってきているということではないか。

そしてその考え方を方向づけることが、

まず必要になるということではないか。

では、どうやって方向づけをすればよいのか。
変化し続ける社会に対応して、
自らに変化をもたらし続けるには何が必要になるのか。
その答えのひとつが、創意と誠意と熱意ではないか。
いつも工夫を凝らし、仕事を創りだす向上心。
目の前にある問題に向き合う誠実さ。
そして、決断から逃げない熱い思いと意志の強さ。
どんなに時代が変わろうとも、
この3つの意——創意・誠意・熱意——を強く発揮する人であってほしい。
そのように強く要望し続けるのである。

なかでも「誠意」は、他人だけでなく、
自分自身に対して示すべきものだと考えてほしい、と。
「いったん決意したことだ。何としても会得するぞ」。
そう思って、自分を裏切らず、自分に誠意を見せる人になることは、
会社だけでなく、その人自身にとっても意義のあることだろう。

さらに「成功」に対する考え方も方向づけをしてはどうか。
成功談では、とかく発想と結果だけに眼が向けられて、
成功までの道筋がなおざりにされるものだが、
その仕事を前進させた各人の創意と誠意と熱意にも、
敬意と感謝の意を表し、評価することの大切さを説き続けるべきだろう。

変化する時代のなかでも、変えてはならない考え方がある。
そのことを示し続け、方向づけることに、
不断の努力を惜しまないようにしたいものである。

入社したその日から、
誰もが取り組むべきこと、
それが人脈づくりである。

「あなたに頼んでダメなら、他のどこに頼んでもダメだろう。仕方がないからあきらめよう」。

どんな仕事に従事しているにしても、そのように、他人に頼られるような人になりたいものである。


そうした価値のある人間になるために、社会に出て、企業に入社したその日から、誰もが取り組むべきこと、それが「人脈づくり」である。

なにも八方美人や、如才《じょさい》ないが実のない人になれ、と言うのではない。人脈の広い人、真に顔の広い人になれ、と言いたいのだ。

それは、多くの人が信頼するに値《あたい》する人になれ、ということだから、決して容易なことではない。

私生活でも、仕事上でも、人脈というものは、縦にも横にも拡げることができるものである。

年齢や業種に関係なく、他者とのつながりを拡げていくことは、日常の仕事をよりスムーズなものにしていくうえで、大事である。

自分ができないことを、できる人がたくさんいる。

自分の知らないことを、大勢の他者が知っている。

教えてもらえることは無限にあるはずだ。

そのように、人の尊厳を認め、敬意を払い、他者の話をよく聞き、よく教えてもらうといった姿勢を大事にすれば、人脈は自然と広くなるにちがいない。

さらに人脈をもっと拡げて、
自らの仕事力と人間力を高めていきたいのなら、
見えない努力を続けることが欠かせない。
特に「予習」は大事である。
初めて接する相手が何に関心があるかといったことを事前に調べて、
会話に盛り込むだけでも、相手との親近感はぐっと高まる。
もっと言えば、自分のことは後回しにするぐらいに、
相手を全身全霊で思いやることができればいい。
相手には見えない、その小さな努力の積み重ねが、
あなたの人間的魅力を磨き上げ、
人脈という「財産」を増やすことにつながるのだ。

使うお金を最小限におさえて、美しくすぐれた商品をつくることに、価値を見いだし、評価をする。

経済性というものを抜きにして仕事をすることはできない。

専門の経理・管理部門だけが考えていればよいというものではない。

営業・販売はもとより、技術開発や設計といったあらゆる部門において、経済的な仕事をするという強い意識が発揮されてこそ、よりよい経営が生みだされる。


設計の仕事であれば、設計図に自らが引こうとする、その一本一本の線によって、さまざまな費用が発生し、会社の利益を減ずることになる可能性を強く意識しなければならない。

そうした強い自覚のもとで、一本の線を引くのなら、否が応でも真剣さは増して、すぐれた設計図もつくられるだろうし、日常の「原価」に対する意識にも、変化が表れてくるにちがいない。

日本企業が大事にしてきた倹約精神というものは、
そのような行動と意識の積み重ねによって、
日々醸成《じょうせい》され、高められていくものだろう。
使うべきところには、しっかりとお金を使い、
使わざるべきところでは、徹底して節約する。
部分的に見れば、無駄遣いに見えることも、
全体的、長期的に見れば、節約になる場合もある。
会社全体の倹約の実現には、複眼的にものを見る力も必要になるが、
それを経営力ということもできよう。

また、それまで積み重ねてきた倹約の仕方が、

いつまでも通用すると思いこむのは傲慢である。
時代の変化とともに、常に新しい倹約の姿があると思うところに、
成長のための謙虚さや素直さが保たれよう。
お金を使えば使うほど、
美しくすぐれた商品ができるのかもしれないが、
使うお金を最小限におさえて、
美しくすぐれた商品をつくることに価値を見いだし、評価をする。
そうした仕事観の醸成と共有をはかる仕組みづくりは、
将来の事業の伸展に大きな影響を及ぼすものになるだろう。

原価すべての把握をする。
常に経営意識を働かす。
コスト意識を強化する。
倹約精神を発揮する。
商品を売るときの損益を知る。

会社は、モノをつくり、商品として売り、
利益を上げることで、社会に存在し続けることができる。
この利益を上げるということを、
違う角度から言うと、原価を下げるということである。
原価を下げるほどに、利益は上がるからである。

原価を下げるうえで、
「こうすれば、これだけ儲かる」という考え方では心許ない。
「こうすれば、これだけの費用が必要になるが、
これだけの値段で売れるから、これだけの利益が出る」
という考え方が求められる。

原価に対する意識を高めていくうえで、次の5則を強く意識して、原価管理にあたるとよいだろう。

【1　原価すべての把握】

材料から器具、さらには人件費までのすべての単価を確認すること。

【2　常に経営意識を働かす】

すべての材料や器具は、「自分のもの」だという意識に徹すること。

【3　コスト意識の強化】

自分の一挙手一投足が何十万という費用を伴うという意識をもつこと。

【4　倹約精神の醸成と発揮】

小さなものでも無駄にしない。現場で生じる些細なことも、原価につながっていくことをよく知っておくこと。

【5　損益の自覚】

商品を売れば、原価分だけ損をしている。
売った分はすべて利益にならず、原価分が差し引かれたものが、
利益であることを強く認識しておくこと。

ビジネスの経験を積んでいくなかで、
それぞれの大切さは、いっそう身に染《し》みることになる。
正しく原価管理を行なうことで、自分に任された責任を果たす。
そうしてプロ意識、オーナーシップを発揮していくことが、
自らの日々の仕事を確実なものとしていく。
さらには、周囲からの信頼を受けることにもつながるのである。

可能性を信じて、一歩踏み込む。
そのさいに、
一策だけでなく、
三策はつくっておく。

日本の伝統的な武道を思い浮かべてみてほしい。
柔道でも剣道でも、たいていの場合、
一歩を踏み込まなければ、技《わざ》は成立しない。
しかもその踏み込みには、「間合い」が要る。
剣道では、間合いをとるから、面が打てるのだ。
切《き》っ先《さき》三寸などというが、その間合いを誤れば、
踏み込みに失敗してしまう。
失敗した場合は、直ちに体勢を元に戻して、
また新たな間合いをとって、次の手に備えるほかない。

事業経営においても、この武道の姿を生かせるはずだ。
既存の方法では、先が見えないと読むのなら、

既成概念を打ち破り、
新しい方法へと踏み込むまでの「間合い」をとるがいい。
市場と向き合い、間合いをとって、
もしも70％の成功が見えてくるのなら、踏み込むべきだ。
慎重すぎては、タイミングを失う。
あとの30％は、熱意と努力で埋めればいい。
勇気をもって決断し、踏み切るのだ。

営業担当者なら、一日数十件の訪問を終えたとしても、
「まだ時間がある。もう少し頑張って、あと数件回ってみよう」と、
いま一度踏み込む心持ちが成績を左右する。
可能性を信じて、身体と心に気合いを入れ直して、

もう一歩を踏み込んでみることで、
新たに始まる「何か」を摑《つか》むこともある。
もちろん、踏み込んでも、うまくいかないこともあるかもしれない。
そのときに、「失敗したまま」にしないための用意も必要である。
一策だけでなく、三策はつくっておくことで、取り返せるはずだ。

あらゆる部門が「一歩踏み込む」。
その勇気をもってこそ、会社全体の前進も望めよう。
逆に、それぞれが「これでいい」と現状に甘んじるとき、
停滞が始まっているといえる。
その停滞とはすなわち後退であり、
その後退は敗北以外のなにものでもない。

思い切る。
割り切る。
そして踏み切ることが、
経営には欠かせない。

企業の成長が30年でピークに達するとすれば、
後半15年のあいだに、次の30年の事業を育てなければならない。
商品一つをとっても、同様の考え方が求められる。
いま、10年は安泰と思われる商品があっても、
「思い切り」よく葬ってしまって、
次の時代を支える商品の創造が、経営には必要になるのである。
商品は「3年経ったら墓場に送る」ほどの覚悟が求められるのである。

もちろん、3年、5年と売れ続けている商品を、
いますぐに廃棄せよ、と言っているのではない。
どんな商品も、いつ何時《なんどき》に過去のものになるかもしれないのだから、
絶えず新しい商品の開発を意識せよ、と言いたいのである。

そういう危機意識が欠落することで、
競合他社に後れをとってしまう可能性が高まるからだ。
廃棄する覚悟をもつことで、
絶えずイノベーションを起こすことを自らに課すほかないのである。

ただ、「捨てる」ことは難しい。
「まだいいのでは」という思いが常にまとわりつく。
開発・生産者だけでなく、
多くの社員が愛着をもっている商品であれば、なおさらだ。
物言わぬ商品だからといって、廃棄し、葬ることは、
決して気持ちのよいものではない。
だがそれほどに、市場というものは厳しい。

成長する会社のビジネスにおいては、
永遠に売ることができると考える怠慢が許されないのである。

お客様は、温かくも非情な面があり、
いつ商品を見放すかもしれない。
そうした存在であることを悟り、「割り切る」。
的確な間合いをとり、先を見通して、
次の時代へとタイミングよく「踏み切る」。
そうしてこそ、企業の未来はひらかれる。

第二部

矛盾を力に

——企業成長の源泉がここにある

春は必ずやってくる。
だが、次にくる春は、
新しい時代の春である。

大自然はいわば英知の塊のようなものである。

人間が学び、習うべきところは限りなくあり、私たちはその大自然の恵みの「おかげ」で生かされているようでもある。

普段意識しにくいことだが、それは誰も否定し得ないことだろう。


日本の農村で、畑作業に従事している人々がいる。

その一年を思い描いてみるといい。

春には種まきをして、夏はその手入れをする。

秋は収穫だ。そして冬に休む。

冬のその休息には理由がある。

春に若芽が吹き出す頃への備えである。

田畑で働く体力を養うための休息なのである。

このように、四季がめぐるのが、自然の摂理である。

我々をとり巻く経済現象も、同じようである。

ずっと続く不況はないし、終わらない好況もない。

日々、経済は変転している。

企業経営では、晩秋から冬をこえて、春になるまでのあいだに、いかに自制をするか、体制を整備するかが重要になる。

一年、半年、四半期と、期間を区切って経営数値を把握するのは、企業にとってごく自然なことであろう。


ただ、必ず心に留《と》めておいてほしいことがある。

次に必ずやってくる春は、新しい春だということである。

新しい春は、前年の春とは違った新しい意味をもって、
眼前にあらわれる。
その新しい季節には、新しい視点や考え方が要求されることになる。
経営にあたる者は特に、心しておかなければならない。
新しい方針を出す必要に迫られ、
変革と転換が求められるこのときにこそ、
真の実力が試されるのだということを。

「自然の流れ」に沿った
決断ができなければ、
経営も仕事も失敗してしまう。

経営は作文ではない。
うまく書き終えて、提出し、採点をしてもらい、
それで終わり、というようなものではない。
一つひとつの経営判断が真剣勝負である。
日々決断に迫られ、決断次第で、
昨日の成功者が今日は失敗者になることもある。
大きな重圧である。
責任観念の高い人ほど、そのプレッシャーは強まる。
どうはねのけて、よりよき決断を下すのか。
そのとき、どんな姿勢が求められるのか。

「自然の流れ」に沿うのである。

流れを読み、流れに沿うのである。
万物流転、諸行無常というように、
この世の自然は刻々と変化し続けている。
その移ろい、流れに沿った決断ができなければ、
成功を得ることはおぼつかない。
それは、決して容易なことではない。
ときに私心や我執《がしゅう》が妨げになるであろう。
自分が得意とし、熟知している分野はなおさらのことである。
思考の過程に生じる過信や慢心。それらが判断を鈍らせる。
自分に都合のよい決断をしてしまう。
すなわち自然の流れに抗《あらが》う決断をしてしまう。

では、どうしたら自然の流れに沿う決断ができるのか。
都会の喧騒を離れて、山野や渓谷に足を運んでみるといい。
そこでは、さまざまな動植物の生命の躍動を感じ取ることができるはず。
それぞれの生命が、それぞれに与えられた運命に従って生きている。
ごく自然に、ごくあたりまえに、生きている。
自立があって寄生もあって、対立があって共生がある。
厳しい生存競争も、連鎖であり連環である。
そうしたすべてを包み込んで、調和が生まれるところは、
人間社会でも変わらない。

人間が自然に生かされている存在である以上、
私たちが営む経済活動もそうありたい。

自らの経営・仕事においては、
自然体で、自然の流れに沿った決断を下していきたい。
そうして成功を得ていくところにこそ、企業の大道もあるのではないか。

過去を顧み、自らを省みる。
明日を生きるために、
昨日を顧みる。

ビジネスという言葉がまだ日本では使われていない時代から、「商《あきな》い」は営まれてきた。

日本人にとって、商い・商売という言葉には、ビジネスという英語では表現し得ない、独特の響きがある。

近代の企業に経営理念があるように、老舗《しにせ》の商家には家訓があった。

なかでも、よく知られたものとして、渡辺崋山《かざん》（江戸時代後期の三河国田原藩家老、画家）の「商人八訓」がある。

渡辺は、財政難の藩再建にあたったリーダーである。

この商人への訓戒を現代語で私なりに意訳をすると、こうなる。

1　朝は社員の誰よりも先に起きよ。

2　高額商品を購入されるお客様より、少額商品のお客様を大切にせよ。

3　購入者が商品を気に入らず、返品に来たら、売るときよりも丁寧に対応せよ。
4　繁盛するに従って、ますます倹約せよ。
5　経費などのお金の動きは一円から記すようにせよ。
6　開店のときの心意気を忘れるな。
7　同業者が近所に店を出したら、
懇意を厚くしてお互いに励むようにせよ。
8　支社や支店を開設したら、三年ぐらいは支援せよ。

この教訓はいまもって通用するところが少なくない。
現代の企業経営に重要かつ不可欠とされる、
共存共栄や持続可能な成長といった考え方、
さらには感謝報恩といった精神が、見事に息づいているではないか。

「商人八訓」には江戸期の武家の知恵も生かされているはずだが、ＥＳＧ経営やＳＤＧｓの考え方が求められる近年においても、違和感を覚えないものであることは非常に感慨深いものがある。私たち日本人は知らず知らず、こうした過去の知恵を受け継いでいるのである。

「温故知新（故《ふる》きを温《たず》ねて新しきを知る、以て師と為るべし）」。

そう教えたのは『論語』である。

この二千五百年以上も前に生まれた見方・考え方も、いまもって色あせることがない。

至高の人生書とされ続けている。

日本の近代を創った渋沢栄一も、

この書を旺盛な自身の経済活動の拠り所とした。
そうした歴史を眺めると、新しい活動に挑む者ほど、
歴史に訊ねる姿勢を大事にしていることがわかってくる。
熟読玩味《がんみ》というように、昔に読んだ本を読み返してみると、
新しい発見があったり、理解が深まったりすることがある。
考えてみれば、自分自身の足跡《そくせき》においてもそうであろう。
幾年か経ってから振り返ると、
当時では気づかなかった新しい発見があるはずだ。
それを、悔恨の種とするのではなく、成長の糧《かて》とすればいい。

新しい時代への発想は、
既成概念を壊すことから生まれるように思いがちだが、

すべてがそうではないのだ。
過去に考え出された先人たちの努力と知恵の結晶を生かす。
壊し、捨てるのではなく、
そのよさを、時代に合わせて、生まれ変わらせる。
現実に行き詰まったら、過去に学ぶ謙虚さをもつ。
そのようにして過去と向き合い、
過去のなかに、将来への指針を探し求めてみたい。
そもそも自分の過去の体験も、
決して自分一人で得られたものではない。
多くの人々の支援があってこそのものである。
そのことがわかってくると、
感謝の念は高まり、人生の滋味《じみ》も豊かになってくる。

ときに、振り返って過去を懐かしむのも悪くはない。
ただ、事業経営においては、明日の前進のために、
昨日を顧みるのだということをゆめゆめ忘れてはならない。

商売は「足」である。
その「足」とは、
人と人をつなぐ手段である。

商売は、「こうすればいい」と教えることもできるが、実際にその通りにやってみて、うまくいくようなものでもない。商売の最前線にいるすぐれた営業担当者は、心理学者であり、社会学者のようでもある。

「彼ならでは」「彼女ならでは」の営業が、現場では展開されている。営業技術というものは、結果として理にかなうものだが、「その人だからうまくいく」という側面があるのは否《いな》めないのである。

教えるに教えられない、この営業のコツというものは、結局のところ、各々《おのおの》が培った積極精神の発揮により、さまざまな実経験のなかで日々磨き上げていくほかないのだろう。だからこそ「足を使え」と言いたいのである。

商品を売る前に、まず自分を売り込む。

行動第一主義で、「足」を運び、裸一貫で体当たりすることから、何かを摑んでほしいのである。

大型で高額な商品のセールスにおいて、特にそれは鉄則となる。

しかも、苦労してようやくお客様の心を摑んでも、今度は、離さないための努力も必要になる。

そのときも「足」がものを言うはずだ。

商売とは「足」であり、その「足」とは、人と人をつなぐ手段なのである。


時代が進むなかで、この「足」の姿も進化してきている。

交通網の発達した市内では、電車が「足」となるが、そうでない地域では自動車が必要になる。
現代社会では、Ｅメールがもはや欠かせない「足」となった。
進化し続けるソーシャルメディアも、
使い方次第で、自らの「足」のごとく、
素晴らしい効果と効用を発揮するにちがいない。

まず誠意をもって行動を起こそう。
「足」を動かして、自分なりの理論を生みだそう。
山をも動かそうとする固い意志、
鉄をも溶《と》かす情熱を原動力として、
自らの「足」を使い続けよう。

⑬ 運に頼らない

運を摑むために、
運のいい人と付き合う。
けれども、
運に頼るのでなく、
自分に頼る。

誰しも明日はどうなるかわからない。
そんな人生を生きるうえで、
いつしか「運」に頼ってしまうのも無理からぬこと。
けれどもそうした生き方が、自らの価値を下げてしまいかねないことを、
お互いどれほど意識できているだろうか。
そもそも運の良《よ》し悪《あ》しというものは、現時点では判断できないものだ。
時が経ち、過去を振り返ってみて、初めてわかる。そんなものだ。
しかも、これまでの運が悪かったように思えても、
将来ずっとそれが同じように見えるわけではない。
良いか悪いかの判断は、その人の見方次第でどうにでも変わるのだ。
死と向き合うほどの苦難の体験が、
その後の成長・飛躍の糧となった人は多くいる。

逆もしかりで、好機と思って、その道に進んだところが、
残念にも思わぬ落とし穴にはまる、というのもよくある話だ。

もちろん、開運・繁盛を神様や仏様にお願いすることを、
否定すべきではない。
目に見えないものを大切にし、
大自然の霊妙さや先祖を敬《うやま》い、畏《おそ》れ、拝み、祈る。
それは人間の自然な姿であり、
人としての道であって、否定すべきものではない。
けれどもその願いは、人事を尽くしてこそ、果たされるべきものだろう。
また、高い理想を掲げることは悪いことではないが、
背伸びばかりしていると、

そのつじつま合わせに、
一生追われてしまうことにもなりかねない。
それでは、自分が自分であって自分ではなくなる。
そんな人生を誰が望むものか。
素の自分を大切にして、背伸びすることなく、
自分らしく生きていこうではないか。

人並み外れた努力をして、自分らしく生き続けて、
大きな成功を得た経営者が、
「自分は運がよかった」と言っているのをよく聞いた。
それは謙遜《けんそん》ではなく、謙虚《けんきょ》な本心に聞こえた。
運のいい人と出会い、教えられ、導かれ、助けられて、

いまの自分がある。
そう言っているようにも思えた。
実際に運のいい人と付き合うことは、
よき影響を受け、自らを高めていくことになる。
逆に運の悪いと思われる人と付き合っていると、
悪しき影響を受けるどころか、
運を吸い取られることになるかもしれない。

昔から「棚からぼた餅」というが、確かに何もしないで、
美味しい餅が棚から落ちてくるような幸運に出合う人もいる。
しかしこのことわざは、そんなことが滅多にないことを、
私たちに教え諭《さと》すものでもあろう。

僥倖《ぎょうこう》を期待し、餅が落ちてくるまで待ち続ける人生に、
どれほどの値打ちがあるのか。
さあ、棚の上に積極的に手を伸ばしてみよ。
届かないならば、踏み台を持ってくればいい。
運に頼るのではなく、自分に頼る人、自らを頼りに生きる人となって、
運のいい人を引き寄せるのだ。

14
功と罰

功は他者に譲り、
罰は自らが被《かぶ》る人でありたい。
仕事の遅滞の責任を、
他人に転嫁しない人でありたい。

事業を営むと、社会に対する責任が生まれる。
株主や債権者に対する責任があれば、
社員とその家族に生活の保証を提供する責任もある。
そうした一切の責任を果たすために、企業は利益を上げようとする。
そのことに、文句をつける人などいようはずがない。
正しい仕事を行ない、社会への責任を果たすのは、
それほど立派なことであり、尊いことである。
けれども、自らの仕事のことになると、
果たすべき「責任」への自覚がしばしば薄れてしまうのはなぜなのか。

会社組織全体を見渡せば、軋轢《あつれき》のある部門間では、
何か問題が生じるたびに、お互いが責任転嫁をしている。

責任逃れどころか、他者の功を奪い、
なおかつ責任を他者に被せようとする人もいる。
逆に、仕返しをしようと復讐することに労を費やす器《うつわ》の小さな者もいる。
そういった後ろ向きな諍《いさか》いのために、どれだけ無駄な時間が流れ、
遅れた仕事を、さらに遅らせることになるのか。
結局、誰も得をしないのである。

お互い人間だから間違いはある。
どちらのせいだったかは、あとの検証に任せたらいい。
仕事において、強い信念は必要だが、強い我執は不要である。
仕事を進めている「いま」は、
功は他者に譲り、罰は自らが被る精神が欲しいのである。

問題が生じたら、責任を他人に転嫁する前に、
まずその原因をいち早く摑んで、
お互いの責任として共有し、力を合わせる謙虚な姿勢があれば、
なすべきことは見えてくるはずだ。

企業戦略上の概念に「部分最適」と「全体最適」というものがある。
その使い分けのバランスは、各社の戦略によって異なるべきものだ。
ただそうであっても、企業が目的とするところが、
全体の伸展と利益の増大によって、社会に貢献することに変わりはない。
みんながお互いの仕事に生じる責任を自覚し、力を合わせるところに、
仕事に対する誇りや深い喜びが育まれていくということに、
早く気づきたいものである。

⑮ 責任観念の涵養

自分が創った会社の
机の前で死ぬ。
創業者とはそういうものだ。

戦争で酷い目に遭ったが、生還できたその人に聞いた。
ともに戦い、戦死した多くの友人や部下に、
申し訳ないという思いがあったという。
戦争を決して肯定したわけではないが、
それでも、戦後の復興期に、亡くなった人の分まで、
自分が懸命に生き続けることを、
義務とも責任とも思って働き続けたという。
決して昔の話だと思うなかれ。
そのような責任観念は、時代を問わず、求められるものだからだ。
ビジネスの場においては特に発揮されてしかるべきものだからだ。

企業において、そうした責任観念の強さを発揮するのは、

たいていの会社では、創業者だろう。
圧倒的な存在感と、事業への揺るぎない愛着心。
強烈な個性をもつ創業者ほど、
人並み外れた責任観念を持《じ》しているものだ。
自分は会社の机の前で死ぬ——。
そう思うのが、創業者という存在なのである。
それだけではない。
会社は「公《おおやけ》」のものであり、社員だけでなく、
その家族、さらには取引先まで含めた人たちの生活や人生を、
決して狂わせるようなことがあってはならない。
事業を大きくするたびに、そうした責任観念は高まっていく。
創業者は、会社が未来永劫に続くことを願う存在でもある。

だからこそ、会社が存亡危急のときにあっては、
私情を捨てた人事に踏み切ることもできるのだ。

そのような創業者を、後続の者が超えることなどできるのだろうか。
子が親を超えることが一生できないと思うようなもので、
考えても仕方がないことなのではないか。
いや、そうではないだろう。
自分のために勉強し、自分自身が成長していくなかで、
仕事に惚れ、会社にも次第に惚れるようになる。
惚れたくないような会社なら、いつまでも居続ける必要はない。
惚れて愛することのできる会社で、熱心に仕事をし続けていれば、
自ずと責任観念は強固なものになってくるはず。

責任者になれば、受け持った事業の計画を内外に公表して、
自らに責任を課していくことだろう。
そういう人に責任はどこまでもついてくる。
その責任観念は、どこまでも広がりを見せる。

資源を他国に頼る日本企業と日本人は、グローバル社会の発展にも、
自らの事業が、大きな責任を果たす必要があると考えるにちがいない。
また、未来に対しても責任があると思い、
会社に長年貢献して定年退職した先輩が、
よりよい生活ができるような制度をつくることに心を砕くことだろう。
さらには、現在の後輩たちに明るい未来をもたせるために、
失敗を恐れることなく、挑戦し続けることも、

自らの責任だと思うようになるだろう。
責任観念の高まりとともに、
なすべきことが無限に広がっていくのである。

他責ではなく、
前向きな自責が、
明日への改善を生みだす。

日本がかつて高度経済成長期にあったときは、みんなが豊かさを求めていた。よいモノが市場に出ると、競ってそれを欲しがる姿があった。そういう時代であった。

一戸建てのマイホームともなれば、一生涯の買い物になる。欲しいと思う人ほど、住宅展示場に足を運ぶのは当然のことだ。実際に扉や床の立て付けを確かめようと、わざと荒く使って試すお客様もいた。

営業担当者からすれば、一見冷やかしのようにも見えるが、注意深く観察するのは、よほどの関心があるからだ。

そのように、消費意欲や動機を直接見ることが主流の時代から、世の中は大きく変化を遂げている。
モノが豊かにあふれ、お客様の購入動機や購入方法も変わってきている。
にもかかわらず、それまで成果を上げていた方法にこだわり続ければ、
次第にうまくいかなくなるのは自然なことであろう。
そうしたときに、多くの人はスランプだという。
努力を重ねても苦戦が続き、ついつい弱音をはいてしまう。
「他責」の始まりである。
しかしそれでは、根本的な解決にはならない。

自らを根本から見直す。
考え方も行動も見つめ直す。
「自分のセールスのあり方はほんとうにこれでいいのか」と考え直す。

そのためには、前向きな「自責」が要る。
自分で自分自身をとことん追い詰める。
その苦しさから逃げださないところに、改善も変革も生まれる。
その人からは、スランプなど、どこかへ逃げていき、
能力の伸びしろは、無限の広がりを見せることになる。
書物などから貪欲に知識・情報を得るだけでなく、
先輩や世間の人の意見に真剣に耳を傾ける。
厳しいお客様や取引先との交渉では、
上司の力を借りてでも打開をはかろうとするはずだ。

だが、そのようにして真摯に向き合ってみても、
なお、「お叱り」を頂戴することもあるにちがいない。

高い目標を掲げ、目指す人ほど、自責の毎日が続くのかもしれない。
けれども、厳しい視線を向けてくれるお客様の「声」のなかに、
「宝」はきっとある。
埋もれているその宝にこそ、自身だけでなく、
組織の改善やイノベーションへのヒントまでもが隠されている。
そのことを信じて、前向きな自責を積み重ねていきたい。
積み上げられたその自責への回答が、明日の自分を創る糧となって、
会社の未来を支える礎《いしずえ》ともなるのだから。

右肩上がりがいつまでも、
続くわけがない。
商品の売れ行きが落ちて、
「しまった」と思っても、
もう遅い。

事業経営にかかわるものには、
常に、明日は「没落者」という危機意識が必要になる。
会社を支える商品の売れ行きが落ち始めて、
「しまった！」と思っても、そのときは「もうすでに遅し」である。
どんなに社会の役に立つ商品であっても、
先を走るものは、いつしか追いつかれ、抜き去られる。

新しいものは、時が経てば、
古いものになるのが自然の摂理であり、
進歩とは、簡単にいえば、
古いものを新しいものに取り換えることである。
進歩し続ける社会に身を置いて、そうした変化の兆候に気づかずに、

いつもと変わらぬ考え方で商売をしていると、
いまは右肩上がりの商品も、いずれは左前になる。
「禍福《かふく》は糾《あざな》える縄の如し」ともいうように、
幸運と不運、成功と失敗は、いつも表裏一体なのである。

よく考えてみてほしい。
人生は思っている以上に短く、働いている時間はさらに短い。
これから午前十時を迎えるような成長産業も、
いずれ衰退の危機が襲ってくる。
午後五時の夕暮れのときがくるのだ。

そう思えば、仕事において、

寸刻たりとも、無駄に過ごすことができなくなる。
さあ、次はどうするか。
その次は。
そして、そのまた次は……。
「人間万事塞翁《さいおう》が馬」ともいうが、
折々の幸不幸に安易に心を動かされることなく、
迫りくる「次」と積極的に対峙し、
喜び勇んで新たな手を打ち続けることで、
後悔しない仕事をしていきたいものである。

カネがないから、
ほんとうの仕事、
ほんとうのビジネスができる。
考えをめぐらし、
儲けることもできる。

創業期は、たいていの企業にカネがない。
カネがないから、知恵を絞る。
あらゆるコストを絞り上げる工夫もする。
他人の協力も自然に仰いでいる。
とにかく必死だから、プライドなどお構いなしだ。
カネがたっぷりあると、それに合わせて何をするかを考えてしまうが、
少ししか持っていないと、そのなかでどうするかと考えをめぐらし、
知恵をひねり出そうとする。
そこに、創意工夫が生まれてくる。
つまり、カネがないからこそ、
肌感覚のあるほんとうの仕事、ビジネスができるともいえるのだ。
そしてこのような、一見マイナス要素に見えるものが、

考え方・行動次第で、プラス要素に変わるのだ。
世の中にはそんな現実があふれている。

ほんとうのビジネスを体験していくと、
人も企業も、ひと回りもふた回りも大きくなる。
ところが、その成長により、カネが必要になる。
子供が身体の成長に合わせた服を必要とするように、
企業もまた、自らの成長に合わせて組織を大きくし、
新たな設備投資にも目を向けなければならない。
あくなき成長を目指す企業において、資金の不足が生じるのは、
伸展している証拠でもあり、恥ずべきことではない。

肝心なのは「そこ」からである。

必要な資金を獲得するために、どう知恵を絞り、戦略を練るか、である。

内部留保による蓄えを高めていくなど、選択肢はさまざまにある。

「資金がないからビジネスができない」といって、

自らその成長意欲に歯止めをかける経営者もいるだろう。

小規模ながらも堅実な家業としての商売の道を選ぶ場合もあるだろう。

どの道がいいというわけでもない。

経営にはいくらでも道がある。

けれども、社会の公器として、

広く社会に貢献するために成長を遂げるという選択をした企業は、

伸展のための資金の問題から逃げることはできないのだ。

カネはないが、この事業は絶対に社会の役に立つ。
どうしてもやってみたい。
その想いに突き動かされるときに、創業の原点に立ち戻ってみたい。
「カネがないから、儲けることができる」と固く信じて、
その矛盾を包摂《ほうせつ》して自らの成長・飛躍のバネとしたい。
冷静な損勘定によって日々の経営を着実に成り立たせつつ、
未来のための長期的投資に挑戦し続けて、
事業の成功をより確かなものにしていきたい。

⑲ 「水」からの教訓

自ら活動して、他者を動かす。
常に進路を求めて止まない。
困難にかえって勢いを増す。
自らは清廉でも、
清濁《せいだく》併《あわ》せのむ度量をもつ。
融通無碍《ゆうずうむげ》に変化するが、
本来の性質は失われない。

「水」という存在に、私たちが学ぶべきは限りない。
昔から「水は方円の器《うつわ》に随《したが》う」という。
交友関係や置かれた環境によって、
人は良くも悪くもなることをいうことわざだが、
もう少しこの言葉を吟味すると、水というものの本質が見えてくる。
主体性を発揮しつつも、環境に合わせて融通無碍に変化するという、
そんな偉大な存在であることに気づかされる。
古代中国の老子の思想では「最上の善は水」とするそうだ。
日本では「水五訓《ごくん》」とも「水五題《ごだい》」ともいわれる教訓が、
これまで大事にされてきたし、これからも学ぶべきことは多いはずだ。

その五訓の最初は「自ら活動して他を動かしむるは水なり」である。

たとえば、自らが率いる組織がバラバラになっていたとしよう。
どうするべきかと思い悩み、考えをめぐらしているうちに、
ふと気づかされるはずだ。
水は自ら活動して他を動かしている。
率先垂範こそ、人を動かす極意ではないか、と。
そして二番目が「常に己れの進路を求めて止まざるは水なり」である。
常に進むべき道を求めて止まない水のように、
人間も日々の進歩向上を当然の行ないとすることを、
この言葉からの学びとしたい。
ただ、勢いが強すぎて自制できないと、
動かぬはずの大岩や土砂を動かし、
周囲の土地を呑み込んでしまうことさえある。

そうした災難のもとにならないように気をつけなければならない。

三番目は「障害に逢ひて激して勢力を倍加するは水なり」である。

問題に直面したとき、人は真価を問われる。

困難にかえって勢いを増す水のように、

問題が大きければ大きいほど、敢然と立ち向かう人でありたい。

責任者は、不意の難局にあっても、怒りや苛立ちを見せることなく、

ニコリと笑ってみせることで、部下は安心し、心を強くするものだ。

同じ使命感に燃え、強い連帯感を抱く集団となって、

逆境の克服のために立ち向かうことになる。

四番目は「自ら潔くして他の汚濁《おだく》を洗ひ清濁《せいだく》合せ入るる量あるは水なり」。

河川の合流点を眺めていると、

本流に、支流から濁水が流れこんでくる様子を見るだろう。
しかし本流の水が、そこで避けたり逃げたり拒んだりするはずがない。
自らは清廉でも、清濁併せのむ度量をもち、
すべてを受け容《い》れ、包み込むのが、水である。
そうした大きな器量の持ち主になりたいものである。

最後は「洋々として大洋を充たし発しては
蒸気となり雲となり雨となり雪と変じ霰《あられ》と化し
凝《ぎょう》しては玲瓏《れいろう》たる鏡となり
而かも其《その》性を失はざるは水なり」。
水は、姿かたちを常に、変化させている。
蒸気となり、雲となり、雨となり、雪となり、霰にもなる。

凝固して氷にもなる。融通無碍に変化するが、
どんな姿になっても、本来の性質は失われない。
元は水である。

人間も、環境の変化に応じて、自らを変化させ続ける存在でありたいが、
自分を見失ってしまうようではいけない。
多様性に富む社会のなかでは、異質な存在が一緒に働くことで、
さまざまな問題も生じるだろうが、
必要とされるのは、お互いがお互いを受け容れることである。
それぞれがもつ特性を尊重して、受容し、協調し合うところに、
望ましい進化も生まれてくるにちがいない。

第三部

人間への愛情

――喜びはみんなで分かち合う

人事を処するに太陽のごとくあれ。
私情を交えて評価せず、
能力に応じて、
評価や待遇に差をつけるのが、
真の平等である。

桜咲く季節に、人生の師から、こんな話を聞かされた。
「桜の花は、早咲きもよいが、遅咲きもまた風情がある。
満開がいいと思う人がいれば、七分咲きがいいという人もいる。
個々の美意識でよいものは変わるのだ」と。
そして、こんな話もしてくれた。
「生きものでもそうだ。清流に躍動する親鮎を見よ。
その一つのおなかから産みつけられた卵も、
かえってみると稚魚の大きさに大小がある。
しかし、発育の遅れた稚魚が、
いつまでも遅れたままでいるとは限らない。
かえって小さいときに元気のいい奴がコロリと参ったりするんだ。
鮎釣りの名人に釣り上げられることだってある」のだと。

桜や鮎と同じように、人にも、早咲きと遅咲きがある。
けれども、自らの成長を願い、
企業の仕事を通じて社会に貢献しようと考える人ならば、
成長の速度にかかわらず、会社にとって大切な存在であるはずだ。
人間一人ひとりは、必要があって生まれてきている。
それぞれが大切な存在である。
だから、早く咲いたからといって威張るのは、慎みたい。
まだ咲かぬからといって、腐ることなく、いまの努力を続けたい。

そしてそうした価値観のもとで、
企業の人事ではどのような姿勢が望まれるのだろうか。

「人事を処するに太陽のごとくあれ」である。

心根に、親が子に抱くような慈愛の心をもちながらも、仕事の評価においては、私情を交えない。

地上をあまねく照らすあの太陽のように、能力に応じて平等な評価をし、待遇にも差をつける。

そのような基本原則が厳守されるべきである。


また、まだ能力を十分に発揮できていないまま、社内で埋もれている人財を新しい視点で発掘し、引き上げていくことも視野に入れる。

欠点ばかりに目がいってしまい、自分の部下の一人が、「仕事ができない」などと決めつけてしまうようでは、管理者としての仕事や能力に欠けているというほかない。
できないと思うなら、どうすれば改善できるのかを考えるのが、
会社、そして社会から、一個の人間を預かる管理者としての、
重要な責務であるはずだからだ。

21

仕事を掌握する責任

人の掌握どころか、
仕事の掌握もできていない。
自分の部下がいま、
どこを走っているのかがわからない。
そんなことで勝てるわけがない。

部下を掌握している上司かどうかは、
「いざ」というときにわかるものである。
掌握ができていない上司が指揮官では、
状況が困難になるほどに、無駄な血がどんどん流れ、
組織はあっという間に崩壊してしまう。
逆に、よく掌握できている指揮官の指示のもとでは、
結束が乱れず、お互いが助け合い、力を合わせて奮闘し、
難局を打開しようとする。
これは実際の戦地で、
指揮官として部下を率いた人からの教えである。

ビジネスの闘いにおいても同様で、

人の掌握どころか、仕事の掌握もできておらず、
いま、自分の部下がどこを走っているのかがわからないようでは、
闘いに勝てるわけがない。
部下にそれぞれの仕事の状況や所在を詳《つまび》らかにしてもらうよう、
常に求めていくことが、上司には必要なのである。
身体だけでなく、心の健康状態も把握しておかなければならない。
そのように仕事と人の掌握が前提にあってこそ、
組織のメンバーの能力を最大限生かすこともできる。
誰をどう配置して、どんな方法で営業展開をするのかを明確に指し示す。
進むべき方向を指示したあとにも、確認と点検は欠かせない。
そうした指導と管理ができていれば、
「担当者がいないから、わからない」などという状態はあり得ないはずだ。

もちろん部下にはさまざまな個性があり、
お客様や取引先に、部下の仕事に対する誠実さが、
どうしても受け容れられない場合も出てこよう。
時と場合によっては、気分を害され、
反発を食らうこともあるかもしれない。
そのさいに、困惑する部下の責任をとって、先方に詫びを入れるのも、
責任者なり、管理者なりの任務だが、そのような覚悟も、
部下を掌握しようとする日々の努力のなかで培われていくにちがいない。

掌握した部下への指導にあっては、
上司は「よき料理人」になることも心がけたい。

本社から届く指示は、いわば「食材」のようなものである。
よき料理人が、食材を生かすために適切な調理を行なうように、
上司は、自らが伝える指示を、部下に的確に理解してもらえるよう、
実例や興味深い話題を交えながら、
噛み砕いて説明することも、職責の一つとなる。
そして本社には、よき料理を可能にする素晴らしい食材を、
常に提供し続ける責任がある。
本社がその責務を果たさなければ、
現場にどんなにすぐれた料理人がいても、
よりよい状況を生みだすことは難しくなるからだ。

上司をうまく使うことで、
部下は優越感をもち、
自信をもつ。

上司には包容力が要る。
職場でのよき上司は、現場の仕事を部下に任せていく。
ときには、よく知っていることでも、知らないふりをして、任せる。
何でも自分でやってしまう上司を、部下は案外、信用しない。
それどころか、仕事を取り上げられた、とも思う。
言いたいこと、言うべきことがあっても、
二十に一つのことを言うぐらいで、
あとは自主性に任せるぐらいの心根《こころね》が求められるのだ。

部下にしてみれば、どんな仕事であれ、
他人から言われたからやるのではなく、
自ら目標を立て、道筋を描いた仕事をして、成果を実らせたいものである。
その実現の瞬間の悦びを、部下に味わわせるのも上司の役割である。

上司を使うこと、使わせることは、
そうした悦びを味わわせるための一つの方法である。
大口の得意先のところへ行って、
「社長の代行で参りました」「支社長の代行で参りました」と言うのは、
その人にとっても、得意先にとっても、よいことである。
上司をうまく使うと、外部の取引先や関係先に評価され、
成果が上がることにもなる。
そのことが次第にわかってくると、仕事はいっそう面白くなる。
優越感をもち、それが自信につながる。

「今日はどのように使ってくれるのか」。
お得意先回りに終日同道することになった経験の浅い部下に、
そんな言葉を投げかけてみるのもよいではないか。
そういう心根をもって、真摯に接してみることで、
救われる部下もいるかもしれない。
ひと仕事を終えた出張の宿泊先で、
「最近はどうだ。一緒に食事でもしようか」と声をかけることが、
必要な日もあるはずだ。
苦境にいる部下には、多言を尽くすより、常に見守って、
寄り添い、傾聴して、苦悩を共有する。
そうした上司に部下は救われ、自らの道を創り上げていくのではないか。

大きな判断を前にして立ち止まっている配下の責任者に、
「長たる者は決断が大事だぞ」と説くのも、
自ら勇気を奮い起こすための
きっかけをもたらすことになるかもしれない。
ただ、勘違いしてはならないのは、
部下が行き詰まり、がけっぷちに立っていても、
仕切り直しをして、這い上がることができるかどうかは、
結局は、その人の心持ち次第だということである。

23 誰の責任か

みんなに責任がある。それは、会長、社長に責任を転嫁しているだけではないか。

創業期の苦労をわが経営の師に聞いた。

「創業してから、すぐには黒字経営に転じることができなかった。年越しを前に、みんなに給与を満足に払えない経験もした。経営者として、それほど情けなく、屈辱的なことはない」

実際にその年は、社長、専務の二人分の給料を社員に分配しても、不足するようなありさまだったという。

「今年の分は借りにしてほしい。三年のうちに必ず返すから」

専務はそう宣言し、社員に頭を下げて詫びたという。

この強烈な責任観念は、
その後の困難を乗り越えるたびに発揮されることになった。
やがて大きな成果が上がるようになり、専務は社長となり、事業経営も伸展して、社員数も増え、業容も広がった。
社長一人では、すべての仕事を見ることができなくなり、
部やプロジェクトをつくって、それぞれに責任者をあてるようになった。
各責任者には、「君一人で頼むぞ、一人だぞ」と、
直接伝え、激励し続けた。
そうして、事業への真剣味は全社に響き渡った。

ところが問題は、事業がさらに伸展をしてからである。
社長が各責任者と接する機会がさらに少なくなるのは必然である。
仕事も高度化し、細分化して、
すべてに熟知するのは、至難の業になる。
そこに、企業の発展につきものの「罠」がある。

「大企業病」である。

一つの稟議書にも、何人もの責任者が押印するようになり、責任のなすり合いが生じるようになる。

「みんなに責任がある」が、「一人ひとりには責任がない」にすり替わる。

それは結局、会長や社長に責任が転嫁されているようなものである。

その恐ろしい病魔を退《しりぞ》けるには、
社員同士がお互いの責任をよく自覚して、積極的な相互批判を、健全な姿で行なうことが不可欠となることはいうまでもない。
自分はどこまでの責任を果たすべきか。
自分一人の責任というものを、お互いの日々の仕事のなかで、もっと強く意識していきたいものである。

仕事は一人でするものではない。
みんなでやるもの。
その喜びは、
みんなで分かち合うもの。

人間というものは不思議なものである。
苦しいときに一丸となって、力を合わせて、
仕事を進めているときのほうが、
好調時にただ漫然と仕事を進めるよりも、
やりがいや生きがいを感じるのはなぜだろうか。
誰もが一人で生きていくことはできないし、
常に多くの人々の力を借りて、お互いに支え合って生きている。
成果はみんなの協力と犠牲があって、初めて生まれるものである。
その喜びは、自分で独り占めにするものではなく、
みんなで分かち合うべきものである。
支えてくれた人たちと共有すべきものである。

功績、手柄をあげたいという、功名心を否定する必要はないが、
一人だけで仕事をすると、仕事がどうしても小さくなるものだ。
次代につなぐ大きな仕事を成し遂げるには、
やはり、みんなの力が必要だ。
経験豊かなベテランに協力を求める。
正確で迅速な業務をこなす人にアシストを頼む。
自分と異なる能力をもつ同僚にアドバイスを求める。
そうしてお互いの協力に感謝し、それぞれの仕事を讃え合う。
ときに改善点を指摘し合うことで、
次への伸展を生みだしていくこともできる。

一人で仕事をするような風潮を認めることは、

社内に「無関心」が忍び込むもとにもなるだろう。
問題があっても、口を出さない。
他者が失敗するのを傍観し、成功しても、喜びもしない。
そんな仕事のあり方が蔓延する組織に、
果たして明日への活力が生まれてくるのだろうか。

「私がやらなければ」の思いは尊いが、
それは、一人の力だけでやる、ということではない。
みんなで仕事をするために、自分にしかできない仕事を、
お互いが責任をもってやる、ということではないか。
だから、一人で仕事をするな。
仕事の「喜びはみんなで分かち合う」ものであり、

仕事の「苦しみは一人で背負う」ものだと思って、
仕事に臨もうではないか。
会社でともに働く仲間は、いわば家族であり、一心同体である。
そう思えるような、大きな「和」を育む会社にすることを、
世の中も望んでくれているはずだ。

25 人を創ることは企業の出発点

物をつくり、
事業を興しながら、
人を創る。
人間を成長させる。

創業期には、たいていの企業に「信用」がなく、資金も人財もない。
だから、頼りになるのは、創業者自身の情熱である。
人財を集め、新しい人に来てもらう。
それだけでも多大な苦労があり、持続的で強い熱意が必要になる。
雇うからには、その人たちの人生を預かるほどの気概も要る。
しかしそうした苦労でさえ、まだ、出発点に立つためのものである。
ないないづくしの企業は、スタートを切りながら、
何もかもを進めていくほかない。

幸いにして、理念をともにする社員を獲得できたなら、
今度はその一人ひとりを、
早急に闘える戦力にしていかなければならない。

事業を通じて、人を育てる。
物をつくり、事業を興しながら、人を創るのだ。
人間を成長させるのだ。

教育・指導は、創業者の目指すところによって異なるものだ。
その方向性の違いが、企業の独自性を創り上げることにもなる。
ただ、創業者精神と企業文化を社員に浸透させていくには、
いくら教育体制を整えたとしても、それだけでは難しい。
実際に現場で、やってみせ、言って聞かせて、やらせてみる。
そのなかで、理念も身体で覚えてもらうのだ。
実践なくして理論もなし、である。

責任者になった人には、自分の成長をはかり続けながら、部下も育ててもらわなければならない。

叱るときも、反発を受けるような叱り方ではなく、反省してくれるような叱り方を身につけてもらいたい。

何ごとも腹八分というが、叱るのも八分目でおさめて、あとの二分は、ほめたり励ましたりすることも必要になるだろう。

指導にも、攻め際と引き際があるのだ。

それから、特に有望な社員には、

あえて厳しい状況を与えることも考えたい。

かわいい子には旅をさせよというように、外に出し、ひと回りもふた回りも大きく育ってもらうことをねらう。

外に出したら、必ず気にかけ、見守るようにする。
突き放すのと放任とはまったく違う。
また、「責任者の言いっ放し」「部下の聞きっ放し」は必ず避けたい。
「商品の売りっ放し」とともに撲滅しなければいけない。
何ごとも一方通行では、仕事がうまくいくはずがない。
人も組織も、育つはずがない。

自分の給与は、会社からでなく、お客様からもらうもの。お客様からの要望を恐れるな。

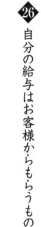

その事業の計画は世間にまだ広く知られていない。
必要性がよく理解されていない。
もちろん知られていないから、批判などあろうはずがない。
逆に、世間にそれなりに認知されることになった商品やサービスは、
いつもお客様の厳しい眼に囲まれている。
商品やサービスへの批判や要望をもらうことは、
まがりなりにも、世間にその存在が知られており、
何らかの期待をもたれているからこそ、なのである。

残念にも、提供する品質に何らかの欠落した部分が判明したときに、
お客様からの信頼は一挙に損なわれる。
インターネットが急速に発展した現代社会においては、

批判の声はたちまち広がり、
負の連鎖を引き起こすことにもなるだろう。
企業はそうしたお客様が抱いてしまった不信感を、
一刻も早く取り除き、以前の信頼を取り戻さなければならない。
注文には正確に、誠意とスピードをもって応える。
仕事の鉄則である報告・連絡・相談も抜かりのないようにする。
挨拶は明るく、他人に思いやりをもつ。
デスクや事務所の整理整頓は常に怠らない。
きびきびとしていて、行動にメリハリがある。

そのように凡事が徹底されている様子に、多くの人は好感をもつ。
お客様もきっとそうだろう。

なすべきことをなしつつも、同時にあらゆる面を見直して、改善をはかっていくほかないのである。

商品について電話で問い合わせをされるお客様は、機械的な応答メッセージをずっと聞かされ、長く待たされることを好まない。

どうしたらそのサービスを改善できるのかを考えなければならない。

お客様がたまたま忙しく、気が重い日に営業訪問をしてしまうと、お客様も人間だから、厳しい叱責を浴びせられることもあるだろう。

だからといって、以降の訪問を尻込みするのはいかがなものか。

明日は違う顔を見せてくれるかもしれないではないか。

いずれもお客様の立場に立ってみればすぐにわかることだ。

自分の給与は、会社からもらうのでなく、お客様からもらうもの。
だから、厳しい要望をされるお客様を恐れてはならない。
その声に、次の受注と業績向上につながるチャンスがあるのだから。
新たなお客様を獲得する可能性が隠れているのだから。

危急存亡のとき、
誰が味方になってくれるのか。
ほんとうに信頼関係を築いた
お得意先であり、
取引先ではないか。

サービスの本質は、相手の身になった「心づくし」である。
このことを普段、どれほど意識して行動できているだろうか。
思い返せば、後悔すべきことが、誰にもあるのではないか。
どんなに時代が変わっても、お互いの関係性がどんなものであっても、
人間関係の基本にあるのは「感情」だということに変わりはない。
それは、人間と人間をつなぐビジネスにおいても変わらない。
ネット上の販売にあっても、
人間の心や感情というものを考慮した顧客起点の発想を根底に、
さまざまな「心づくし」を実現するシステム設計がなされているはずだ。

しかし企業では、その成長過程において、
お客様が増え、取引先も増えてくると、

次第にこの相手の身になった「心づくし」が薄れてくることがある。
調子のよいときは、それでも誰もかもが寄ってくる。
けれども、いつかは不調の時期がくる。
盛衰を分ける岐路に立ち、
頼るべき存在を必要とする状況に陥る場合もあろう。
その危急存亡のときに、味方になってくれるのは誰だろうか。
支援をしてくれる人はいるだろうか。
考え得るのは、それまでに、
ほんとうの信頼関係を築いたお得意先、取引先ではないだろうか。
心をつくして、血の通った取引を続けてきた企業や人たちではないか。

それは社内でも、同様であろう。

製造する側と販売する側の関係において、
「売って頂く」「売らせて頂く」というお互いを思いやる心持ちをもって、
相手の身になった仕事をすることの大切さをわかっていても、
日々の忙しさのなかでついつい希薄《きはく》化してしまう。
そして、いざ問題が発生したときに、力を合わせることができず、
事業の衰退に拍車をかけてしまうことになる。

そのことを理解するなら、好調になったからといって、
浮ついて、いい気になって、
謙虚さを忘れてしまわないように常に注意を払いたい。
そして日々の仕事に、
ごく自然に真心を込めることのできる人でありたい。

売るほうも買うほうも
お互いが信じ合い、儲ける。
そうした関係を仕事で生みだす。

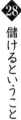

企業経営というものは、
いつ敵が襲ってくるかもしれない戦場の大地を、
騎馬で駆け抜けるようなものだという人がいた。
大地にいる消費者は非情であり、
ライバル企業が前後左右に並走している。
丘に潜む敵も目を光らせているそのマーケットという戦場を、
ゆっくりと景色を愛《め》でつつ、
馬を走らせるような余裕などあろうはずもない。
しかも、一頭の騎馬では、長距離を乗り切ることができない。
新商品や新技術という予備馬を伴う必要があるのだ。
それが、走破するための鉄則だというのである。

ただ、ビジネスの闘いがそのようなものであっても、
絶対に人の道を外れることだけはしてはならない。
人の道とは何かといえば、たとえば親孝行は、
人の道にかなう最たるものだろう。
他人でも、困っている人がいれば、親切にするのが当然だ。
難しく考える必要はなく、ごく自然な心持ちから逸れない、
素直なふるまいを頭に思い浮かべるとよいのだ。
思い浮かぶものがないという人は、
ひたすら稼ぐことばかりに夢中になっているからではないか。
周りを慮《おもんぱか》り、顧みる心持ちが薄れてしまうと、
人の道がどんなものかもわからなくなってくるのだろう。
そしてそれは、企業でも同じことのようだ。

競争に勝ち、成長すること自体は決して悪いことではない。
ただ、成長するほどに、社会的責任が高まることに思いを致す努力が、人間同様、企業にも求められるということである。

そもそも「稼ぐ」という字の「禾（のぎへん）」は、実った稲を表すといわれている。
稲を家に蓄えることは、元来農耕民族であった日本においては、生業《なりわい》であったろう。
働くことが「稼ぐ」ことそのものであったわけだ。

では「儲ける」はどうか。
「信」じる「者」と漢字で書く。

字の表す意味を、そのまま受け取ると、
売るほうも買うほうも、
お互いが信じ合えるような関係を、
ビジネスにおいて生みだすことだと考えることもできよう。
そしてその意味での「儲ける」は、
人の道にかなうものだといってもいいのではないだろうか。

商品を愛するのも、
会社を愛するのも、
突き詰めていえば、
自分への愛情があるかどうか、
にかかっている。

社会に出て、企業で働くようになったら、
会社よりも仕事よりも、まずは自分を愛することを大切にしたい。
会社で扱う商品を愛するのも、会社そのものを愛するのも、
よく考えてみれば、自分の心から発するものだろう。
突き詰めていえば、何かを愛するには、
まず自分への愛情があるかどうかにかかっているということだ。

自分を愛するという人間としての基礎を固めてから、
今度は自分がつくる、
もしくは自分が売る商品を愛するようになればいい。
営業担当者なら、セールスで各地を飛び回るようになると、
自分の「足」が最大の財産となるにちがいない。

愛する商品を売るために活発に動き回るためにも、
自分の身体の維持に気を配らなければならない。
昔から、身体を大事にすることを「自愛《じあい》」というが、
自分の足に「枕をして寝る」ほど大事にし、愛することが必要になる。

自分を愛し、自身を大事にして、
自社の商品を愛することができるようになったら、
今度は、同僚にも顧客にも、愛されるようにつとめたい。
自他ともに共栄をしてこそ、自分も生かされるのである。
そして、自分が生かされるようになると、ますます仕事が楽しくなる。
仕事だけでなく、会社にもいっそう惚れて、
愛情も増すことになろう。

会社を愛する人間は、やがて責任者となって、
担当する事業の計画を策定するようになる。
自分が惚れた仕事、自分が惚れた会社に、
「未来はこうありたい」と熱い思いを伝えるのだから、
それはまさに「ラブレター」というべきものである。

愛される会社になろう。
年上の人にも年下の人にも、
慕われ、頼りにされる。
そんな会社に。

共生する社会を築き上げるうえで、
心のふれ合い、通い合いは、欠かせないものになる。
どんな仕事に従事していても、
人と人、会社と会社、そして会社と人がつながって、
ビジネスは展開されているからだ。

ところが、日々の忙しさにかまけて、
そうした根本的な理解が欠けてしまうことがある。
日常の仕事のやりとりが雑になり、十分な配慮が失われ、
知らず知らずのうちに、
相手に不快な印象を与えてしまう場合も増えてくる。
その小さなことの積み重なりが、

それまで積み上げられてきた信頼を傷つけていくことになる。
そんな残念な事態に陥らないよう、
日々の仕事を絶えず点検することを心がけたい。

世間を見渡せば、天災に遭い、困っている人々がいる。
平和な日々のなかでも、何かを必要とし、求めている人々がいる。
そうした方々に対して、自らの本業を通じて、
できることは何かといつも考えをめぐらし、行動に移す。
一つひとつの仕事に心を込め、
相手を思いやる気持ちを絶やさない。
なすべきことがなせるそのような社員は、
会社の財産であり、信用そのものである。

そんな社員がたくさんいる会社が存在し続けることを、
社会はきっと喜んでくれることだろう。
「いい仕事をしているな」と素直に讃え合い、
「私も負けていられないぞ」と競い合う。
そんな活力ある会社なら、
きっと多くのお客様に愛されることだろう。

愛される会社になろう。
身の回りの人だけでなく、年上の人にも年下の人にも、
慕われ、頼りにされる、そんな会社になろう。

第四部

企業の闘い

——現場で挑戦し続ける

誰よりもその市場の
現状と趨勢《すうせい》をよく把握し、
そのうえで、カンを働かせる。
決断をする。

「勘」と呼ばれるものに「カン」と「ヤマカン」とがある。
同じようで、二つは明らかに違う。
経営では、前者は必要とされるが、後者はそうではない。
カンは、ヤマカンと違って、努力を重ねるなかで、
磨き上げられるものである。
経験を積むほどに精度は増して、頼りになる存在となる。

企業が新しいエリアの市場攻略をするさいに、
事前の調査は欠かせないが、
たとえば住宅の営業に従事する者が、
担当する地域の住宅事情だけでなく、
生活にかかわるあらゆる事情を、

誰よりも詳しく知ろうと努力をするのは好ましいことであろう。

一世帯あたりにいま、どんな需要があるのか。
どんな家電製品が使われていて、
自動車はどのくらい所有されているのか。
消費購買の特性を数字で摑み、趨勢を洞察して、
どこにニーズがあるのかを把握していく。
自らの感性を磨き、カンを研ぎ澄ましていく。

そのように経験を積んでいくなかで、
判断のさいに、鍛えられたカンが先になって、
理論があとになることは、決しておかしなことではない。

市場の現状をしっかりと把握してから、
「これならビジネスになる」というおおよその見通しを立て、
がっちりとソロバンもはじきながら、
カンを働かせて、決断するところに、進むべき道はひらけてくる。

32 商品はわが社を代表する「全権大使」

商品こそが、
企業を代表する全権大使。
どんな宣伝文句にも勝る
「無言」の営業員であり、
販売員である。

同業他社がひしめくなかでは、抜群のアイデアや技術力でもない限り、大きく成長を遂げることはなかなか難しい。

ただ、技術力の不足を、営業力によって補うことはできる。

積極的な営業展開により、受注を増やしていくなかで、多様なニーズをお客様や取引先から要望されるようになると、それが、技術力を高めるための課題となるからである。

その難題に応える技術を生みだすことで、飛躍のチャンスを掴むことができるかもしれない。

また、商品を生みだすどんなにすぐれた技術力があっても、それに見合う営業力がなければ、世の中に広めていくことはできない。

製品を、「売れる」商品にするために、

強い営業力が、経営には必要である。

技術力と営業力の双方が、車の両輪となり、
切磋琢磨しながら、力を合わせて商品を育てていくことで、
商品は企業を代表する「全権大使」となる。
力が結集された全権大使は、企業のブランドイメージに影響を及ぼす。
まさにそれは、どんな宣伝文句にも勝る「無言」の営業員であり、
販売員である。

だから全権大使である商品をつくり上げるまでの工程はもちろんのこと、
市場に投入されたあとも、
品質の管理・維持が適切に行なわれなければならない。

全権大使への細部へのこだわりが、
お客様の心を打ち、企業に対する信頼を勝ち取ることになり、
次なる成長を促進することにもなる。

物言わぬ商品にあっても、
世に問うて送り出すたびに、
魂が込められている。
一つの商品、一つの契約にも、
それにたずさわる社員の汗が
しみこんでいる。

この世の万物を言いあらわすのに、「天地人《てんちじん》」という。
古代中国の孟子は「天の時、地の利、人の和」といい、
天の時は地の利にかなわず、
地の利は人の和にかなわないと考えたという。
その論理が、どんな場合でも通じるものかどうかは定かではない。
ただ、人生だけでなく、ビジネスにおいても、
この三つに恵まれるかどうかは、大きな問題である。

天の時とは、時流であり、時機をいうのだろう。
ビジネスでは、いうまでもなく、
「そこ」にあるチャンスを摑み取ることが重要になる。
地の利は、自らが置かれる状況や立場だったり、

闘うためのあらゆる手段のことだと考えることができる。

そして人の和である。
天と地の条件がそろっても、人の和が育まれないと、
事はうまくいかないと理解できるが、
それは、古来より日本人が尊んできたことである。
「和を以て貴《とうと》しとなす」の精神である。

天の時と地の利、そして人の和を得た企業から生みだされる商品が、
やがてお客様のもとに届くと、喜びがもたらされ、感動が生まれる。
物言わぬ商品にあっても、世に問うて送り出すたびに、
魂が込められているのだ。

その魂とは、社員全員の汗である。
一つの商品、一つの契約にも、
それにたずさわる社員の汗がしみこんでいるのだ。
そしてその全員の汗がしみこんだ商品によって、
お客様の心ともつながり、
さらに大きな人の和を生みだすことにもなるのだ。

市場競争にいたる
それまでの道程にこそ、
重要な闘いがある。
力を合わせ、
この苦難に打ち克とう。

戦争における戦闘とは、「むごいもの」だと体験者は語る。

生死にかかわる経験をした者から発せられる事実に、経験のない者たちは、ただただ沈黙するほかない。

体験者はさらに言う。

「それでも、ほんとうの闘いは、弾丸が飛び交う前にある」のだと。


昔の戦争では、目的地である戦陣に辿り着くまで、昼夜兼行で歩き続け、移動した。

目的地に着いたなら、すぐさま陣地を構えて、自分の身を沈める穴を掘ったという。

敵陣からの弾丸を避けるためだが、そうした作業のあまりの苦しさに、「いっそのこと、早く弾丸に当たってしまいたい」とまで思うのだという。

それほど、地味で苦しい闘いが、
実際の戦闘の前に存在するというのだが、
人生における競争や、企業間の競争においても、
同じようなことを、私たちは体験しているのではないか。

企業は新商品を開発・製造し、市場へと送り出す。
そこから、競合会社との熾烈な戦闘が繰り広げられる。
いわば弾丸の撃ち合いである。
しかしその戦闘の前に、事業経営ではもう一つの「闘い」がある。
市場競争にいたる、それまでの道程にこそ、重要な闘いがある。
それは、創意工夫を凝らしながら、試行錯誤を重ねる闘いである。
経営陣はもちろん、営業、技術、管理、研究開発、生産など、

すべての部門の人が協力し合う闘いである。
勝利を得て、皆で喜びを味わうまで、
その闘いの多くは、苦しさを伴う。
「こんなに苦しいなら、新製品の開発などやめて、
いまのままでいこうじゃないか」と安易な考えに陥るのも無理はない。
けれどもそれでは、成長を放棄することになってしまう。
行き着くところは企業の死である。

成長をせず、停滞する企業から生みだされる商品は、
取引先に「見える損失」は与えないかもしれないが、
「見えない損失」を与えている可能性がある。
なぜなら、進歩し向上している企業ならば上乗せできるはずの価値を、

提供できていないからだ。

野球では、名二塁手が、難しい打球でも難なく捕球して、平凡なプレーに見せることがあるが、そのように私たちも常に日頃の努力を重ねて、見えない損失を出さないようにしたいものである。

そうして、みんなの力を合わせて、どんな苦難にも打ち克っていきたいものである。

仕事のアイデアは、いたるところに転がっている。神経を研ぎ澄まして、懸命に頭を働かせ続けよ。

仕事のアイデアというものは無限に発展する可能性がある。
改良し、研究を深めることによって、
新商品を世に送り出すこともできる。
やり方次第でどんどん価値を高めていくことができる。
ではどうしたら、他人に先んじて、
新しいアイデアを生みだせるのか。

研究室でコーヒーを飲みながら、くつろいで、
「よいアイデアはないか」などと考えていても、
そうそう見つかるものではない。
自分の周りで起きているあらゆることに、細心の注意を払ってみよ。
普段から、いつも神経を研ぎ澄まして、

自らの頭を懸命に働かせ続けるのである。
平凡なことのようだが、それが案外、難しい。
やってみればすぐにわかる。
しかしその難しいことに、ずっと取り組み続けていると、
アイデアを生みだすヒントが、
いたるところに転がっていることに気づかされるにちがいない。

実りの秋、自然は、人間社会に艱難を与える。

台風が襲いかかり、甚大な被害を与えることもある。

ただそのあとに、他人の災難に思いをはせ、
ともに悲しみを分かち合う共感力を人間は持している。

「この被害を最小限に食いとめるために自分に何ができるのか」

と考えをめぐらす力も持ち合わせている。
懸命に頭を働かせるうちに、ふと気づきが生まれる。
わが経営の師は、被災地のことを想い、
頑丈な建築物や住宅をつくりたいと思って、
こう考えをめぐらしたという。
田んぼの稲はなぜ嵐に負けず、その実りを人間にもたらすのか。
竹林をなす一本の竹はなぜ、あれほどしなやかに風を受け流せるのか。
なぜか。なぜか——。
そうか、竹も稲も円である。
稲の茎は丸く、中が空洞になっているではないか。
だから、しなやかで強いのだ。
そうだ。円は美しくて、強い。

人間の所業である建築において、円は、調和をもたらすものとなるが、円は「強靭《きょうじん》さ」を生みだすものでもあるにちがいない——。

そこまで考えを突き詰めていくことで、ものづくりや商品開発のヒントが掴めることになる。

けれども、考えに考えて考え抜いても、よいアイデアを掴めず、疲れ果てて眠り込んでしまうこともあろう。

それでも、その懸命な姿勢が、後日の閃《ひらめ》きを引き寄せる突破口となり、新たなアイデアを生みだす源泉になることだろう。

36 ものごとを一方からだけ見るな

観察を突き詰めてみよ。
表、裏、外側、内側からと、
あらゆる角度から凝視するところに、
新しい発想が湧きあがる。
創造もできる。

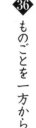

机の上に中身の見えない容器が一個、置いてある。

その容器のなかには、果たして何が入っているのか。

何も入っていないかもしれない。

手にとって、揺らしてみると、何らかの液体が入っているようだ。

では、それは水か、日本酒か、はたまた洋酒か。

洋酒とすれば、どのくらいの量だろうか。

次々と想像をたくましく働かせると、その思考の展開の過程において、別の着想が引き寄せられ、結合することによって、新しい観念、すなわちアイデアが生まれることがある。


それは日々の仕事にも通じることだ。

想像力を働かせて、一つひとつの仕事を新たな眼で見つめ直してみる。

すると、業務処理の仕方にも、さまざまな面があり、そのあらゆる方面から、仕事に対する知識が、広がり深まってくることだろう。

任せられている一つの業務においても、表から見るのと裏から見るのでは、違って見えることに気づくはずだ。その発見が、関係部門との業務的な連携の見直しや改善に結びつき、有機的な組織をつくるうえで成果を得ることができるかもしれない。

リーダーにあっては、部下の能力を改めて見つめ直すことで、短所をカバーし、長所を伸ばすことになるだろう。表と裏の両面から見、かつ多面的に見る努力が、人を伸ばし、組織を伸ばし、経営を伸ばすうえで、大いに効果をもたらすことにもなる。
新しい事業展開の着手においても、同様である。
商業施設をどこに建てるか。
どの地でリゾート開発を進めるか。
地図だけを頼りに決めるのでは心許ない。
空から見、地上で現場周辺を見、実感を得る。
そうした確認を省略してしまうと、価値判断を誤ってしまい、
あとで痛い目に遭いかねない。
商機を逃す場合さえあるだろう。

日本には、伝統的な庭園の造園技法として「借景《しゃっけい》」があるが、
庭と自然が融合した風景は人の心を和ませるものだ。

景観美はいわば私たちの所有物ではない。
だが、その自然を生かして、融合し、共生することに、
日本人は価値を見いだしてきた。
この伝統的な知恵に、ヒントを得ることもできよう。
自然の恵みがあふれる土地に、新たな価値を見いだすことができないか。
地方の過疎化した地域に残される得難い自然を、
観光資源に転化させることができないか。
そう考え抜くところに、新しいアイデアも浮かんでくる。
現地にも役に立つような施設をつくることはできないかと、
表、裏、外側、内側のあらゆる角度から凝視して、
その地の観察を突き詰めるところに、すぐれた創造も生まれてくる。

どんなによいアイデアでも、
実行してみないと何にもならない。
試してみてこそ、のものである。

うまく実を結んだアイデア、その成功ストーリーは、とかく発想と結果だけに眼が向けられるものだが、アイデアを製品化するまでの各担当者の苦労といったもの、すなわち最初から最後までの経過については、あまり語られない。

営業、技術、管理、研究開発、そして生産といったすべての部門の、すべての社員のアイデアの集結によって、商品はつくられ、生みだされる。

アイデアとは、かように企業にとって重要な存在である。


にもかかわらず、毎日同じことを繰り返し、何の創意工夫もせず、他人のまねばかりをしている人もいる。

そういう人は、他人のアイデアを奪う「盗人《ぬすっと》」だと思ったほうがいい。

では、盗人にならず、アイデアを生みだし続けるにはどうすればいいか。
身をすり減らして考え抜いた挙句に、ほんとうのアイデアは出てくる。
行動を通じて、走りながら考えるのだ。
直感的に動きながら、合理的に考えをめぐらせるのだ。
そうして、苦しまぎれで生まれる知恵、
困難を突破しようとするときの意志の閃きこそが、真のアイデアだ。

ただ、どんなによいアイデアをもっていても、
どんなによいことを思いついても、実行してみないと何にもならない。
試してみてこそ、のものである。
考えつくだけでは、時間を空費した夢想である。

とにかくできることから始めるのだ。

会社の知名度を高めることが、商談の成約にまず不可欠だと思うなら、小さなアイデアでもいいから、いろいろと出してみて、できることから動きだしてみればいい。

社員全員が「営業員たれ」と、社名が見えるカタログを透明の袋に入れ、街中を移動するのも一つのアイデアであろう。

コストはさしてかからないはずだ。

そうしたちょっとしたアイデアでも、力を合わせると、大きな効果を得られるものもある。

さあ、できることから始めよう。

よりよいアイデアを出し、動いてみよう。

動きながら、さらに考え続けて、成功を勝ち取ろう。

38 人格においては対等

自らの仕事に誇りをもて。
ビジネスは一対一。
相手の大小に関係なく、
お互いに対等である。

経営者は、株主も含めた顧客から、
「これだけのものをつくりなさい」と資金を託され、
日々その実現に努力をしている。
ただそのときに、自分たちは「顧客の代弁者」だと思うか、
「顧客に使われている」と思うかで、
経営の進め方にも違いが出てくるのではないか。
さらに現場で常に注文を得たいと思っている営業担当者ともなると、
自然に「もらう」という気持ちが強くなるから、
お客様や取引先に対して、知らず知らず卑屈になってしまい、
ビジネスの本道から外れてしまうことにもなりかねない。

商取引では、社会的地位の違いなどを気にすることはない。

無遠慮で無謀で無茶なふるまいを許容せよ、と言うのではない。
礼節を無視していい、と言うわけでもない。
自らの仕事に誇りをもて、と言いたいのである。
そのうえで、言うべきは言う姿勢を貫くことで、
対等な関係がつくられていく。
ビジネスはいつも一対一であり、
人格において、お互いが対等なのである。

ただ、長くビジネスを続けていると、
逆に、取引先に対して強く言える立場になってくる場合もある。
そうなると、長年協力をしてもらってきた相手企業との取引条件でも、
見直しをはかり、取り決めを変更してもらうといった、

厳しい要求をせざるを得ない場面も出てくるだろう。
それだけで事がすめばいいが、取引を止める場合だってあり得る。
そのときの判断は、会社の信用問題にかかわることになる。
事情があっても、それは自社の事情であって、他社の事情ではない。
商取引での対応と、相手への礼節は、別物であり、
一対一の関係を大事にして、常に敬意を払い、
感謝の心を忘れないようにしたい。

海外における事業展開においても同様に、
お互い人格においては対等であるという、
ビジネスの本道から外れない精神を、常に大事にしたい。
現地の人々とともに、いま手がけているこの事業を成長させ、

現地の繁栄に貢献するという喜びを分かち合うには、自らの尊厳とともに、相手側の尊厳も大切にするという、自他共栄の姿勢が求められることを心しておきたい。

人間、じっと我慢して、
待たなければいけないときもある。
あの川を流れゆく木の葉のように、
一度沈んでこそ、
うまくいくこともある。

渓谷を走る渓流では、
深く水をたたえる淵に木の葉が浮かんでいる。
浮かんでいるその木の葉は、一度沈んで、スッと浮かび上がり、
下流に勢いよく流れていく。
人生や事業になぞらえたなら、
苦境に沈んでもあきらめず、しぶとく復活し、
そのあとの仕事の勢いを増していく人のようである。

急流あり澱《よど》みあり蛇行ありの河川では、
流れの速さと方向が変転極まりないように見えるが、
じつは、土地の傾斜や地形に従っている。
途中に紆余曲折はあっても、水は流れるべきところを流れている。

経済にしても同じで、ある局面だけを見ると、
その不透明さに混乱させられ、
ゆくえを見定めることができなかったりするが、
長期的に見ると、
一つのルールに従った流れのようなものが見えてくる。

紅葉が川の水面に映《は》える秋。
この季節は突然にやってくるのではない。
経済の動静も、そのような季節の移り変わりと同じく、
ある日突然に「今日から成長期に入る」わけではない。
成長期に入る以前から、さまざまな動き、変化の様相を見せながら、
次第に、その特色を表してくるのである。

「身を捨ててこそ浮かぶ瀬もあれ」とはいうけれど、
企業も人間も、むやみに身を捨てることなく、
じっと沈んで、次の変化を起こす日まで、
力を蓄えて待つ我慢が必要なときもあるはずだ。
人生も仕事も「沈む瀬あれば浮かぶ瀬あり」なのだから。

解決の方法は必ずある。
そう信じて行動する。
あきらめない。
その熱意と意欲が、
仕事の壁を突き破る。

世間には、いたるところにお客様がいる。

考えてみれば、自分もお客様の一人である。

その自分という「お客様」を、
いま一度、客観的に観察してみるとよい。

「ものぐさで、せっかちで、わがままで、しかも移り気だな」。

そんなふうに思う人もいることだろう。

「気に入ると、すぐに飛びつく積極さもあるな」。

そう思い起こす人もいるだろう。

自分をよく見て、さらに外を行き交う人々の様子を摑むなかで、
無限の発見を体験することができるはずだ。


会社にいる後方の上司の顔色ばかりを窺《うかが》っているようでは、

いつまで経っても、お客様のことは、わからないままである。
顔をしっかりとお客様に向けて、仕事に精を出してこそ、
会社の命令や、上司からの指示の本質が見えてくる。
商品のどこを改善していけばいいのかも、
自らがいま、何をなすべきかもわかってくるはずだ。

そうして、より難しい仕事に挑むことができるようになると、
いろいろな壁に突き当たることになる。
ときには逃げてしまいたくなることもあるだろう。
たとえば営業で、巡回をして、社に戻ると、
訪問したお客様の一人から、断りの電話があったと同僚に告げられる。
そのときに、解決の方法が必ずあると信じ、

心を新たに、次の手を打つことができるかどうか。
本心から「営業は断られたときに始まる」と思えるかどうか。
仕事に惚れて、会社に惚れているならば、
そう簡単にあきらめることはできないはずだ。
惚れてしまえば、どんな苦労も、
ものの数ではなくなるのが、人間だからだ。

決してあきらめない。
不退転《ふたいてん》の決意から立ち昇る熱意と意欲が、
いまの仕事の壁を突き破る。

第五部

夢とは志

――明日は今日の延長線上にあるのではない

夢をもて。
夢とは志である。

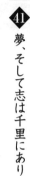

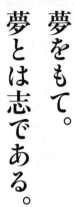

夢をもて。

夢とはすなわち志である。

大志や志というと、私利私欲を捨てた高邁《こうまい》なものと解釈する向きもある。

だが、そうではない。

ここでいう志は、成功と名誉の達成に情熱を燃やすことである。

「野心的であれ（ビー・アンビシャス）」ということである。

他人よりも給料を多くもらい、よき配偶者を得て、一軒の家を建てたい。

それも立派な志である。

その志を実現するために、成長企業に入社して日々努力する。

それは、すこぶる健全な姿であり、

そのことを率直に口にすることも何ら悪いことではない。

夢をもて。
夢とは、夜に寝床のなかで見る夢のことではない。
夜見る夢で生活の糧を得ることはできない。
夢をもち、過去を語ることなく、常に前を見て、進んでいくのだ。
遠い五年先、三年先、一年、一月、一週間、一日、一時間先を見て、
すべて前向きの姿勢において、
眼前にあらわれる問題を一つひとつ解決していく。
変転し続けるこの世界を、
自由に泳ぎまわる人間になってみたいではないか。

夢をもて。
どの時代にも、夢と志は欠かせないものだった。

「志は千里にあり」という。

中国『三国志』の英傑・曹操の「歩出夏門行」と題する漢詩の一節に、

「老驥《ろうき》伏櫪《ふくれき》　志在千里《しざいせんり》」とある。

駿馬《しゅんめ》はいまや老いて厩《うまや》に身を横たえるが、

その心はなお、千里の彼方を駆けていることをいう。

あとには「烈《たけ》き士は年老いぬれど壮《さか》んなる心は已《や》まず」と続く。

この志と千里という言葉に、

現代人はいろいろな意味を込めていいのではないか。

人生の多くは、志した通りにはいかないものだし、

障害にあって半分も実現できないことなどざらにある。

だからこそ千里の彼方に自らの志を置かねばならない。

目標が小さければ到達できるところも小さいはず。

大きな目標を立ててこそ、より大きなものが得られるのだ。

夢をもて。
自らの道を自ら求めてゆけ。
断じてその日暮らしの行き方に逃げ込んではならない。
石橋をたたいて千里を走る。
志を千里の彼方に置き、そのうえで「十年一節」というように、
十年刻みで自分の将来を考える。もっと細かい節目を大切にしてもいい。
企業は夢の具現とともに伸び、人はすべて夢の実現を求めてこそ、
走り続けることができる。
夢、そして志をもつことは、
働く人の権利であり、義務であり、責任である。

42

先の先を読んで、未来を創る

近い将来に起こり得る
問題を予見して、
営利のみを追わず、
常に社会的に意義のある
商品開発を目指す。

企業は時代の動きに敏感に対応していかなくてはならない。
そのために、時流を読み取ることが重要になるのは誰もがわかっている。
けれども、実際には、小流を見ただけで終わっているのではないか。
小流の源流となる本流に行き着くための努力を、
どれだけの人がやっているか。
さまざまな社会の現象から、その奥に潜む背景や要因を見極める。
政治や経済環境、世相や大衆の関心といったものを、
柔軟に総合的に、そして直観的に捉える。
そうした本流を観《み》る努力をどれだけの人がやっているだろうか。

時流を敏感に読み取ることができると、
何年後かに不況がくることが見えてくるかもしれない。

しかしその危機におびえ、振り回され、
しぼんで縮こまるようではいけない。
乗り切るための備えをするのだ。
今日という日は二度とこないことを思い知って、
明日をどうするかを考える。
近い将来に起こり得る問題を、一足先に予見する。
いや、先の先を読むところに、企業の勝負所があるのだ。

先の先を読むには、
現実から離れた、飛躍した考え方も、ときに必要になる。
そのさいに「何をやったら儲かるかではなく、
何が世の中の役に立ち、喜んでもらえるか」という判断の基準が重要になってくる。

それは、営利のみを追わず、

常に社会的に意義のある商品やサービスの創出を目指すということだ。

地方の過疎化、高齢化と少子化、エネルギー問題など、

日本の抱える社会的課題は多い。

世界中を見渡せば、貧困や環境の問題など、

さらに多くの課題が山積《さんせき》している。

そしてそうした問題で「お困り」になっている方がたくさんおられる。

そこに、社会のニーズというものがあり、

企業のやらなければならない仕事がある。

わが経営の師は、

サステナビリティという概念が世の中に浸透するずっと以前から、
いち早く自らの事業経営に引きつけて、
何をやれば世の中の役に立ち、喜ばれるかを考えた。
「21世紀は風と太陽と水の時代」というその方向づけが、
わが経営を導いてくれた。
その経営体験からくる実感は、
先の先を読み、世の中がこれから必要とするものを生みだすなら、
利益は自ずとあとからついてくるということである。

43 経営者というもの

会社には、
怖がられる役が必要だ。
嫌われるのが嫌なら、
経営者にはならないほうがいい。

会社が発展して規模が大きくなり、
業務が複雑かつ多岐にわたるようになると、
経営者は、仕事の隅々までを知っておくことが難しくなる。
創業者のような存在でない限り、すべてを見渡し、
見透かすことは、もはや至難の業《わざ》となる。

かといって、権威を笠に着た命令や指示によって、
すべてを動かそうとしだすと、たちまち組織は、
官僚主義や権威主義といった望ましからざる性格を帯びるようになる。

耳ざわりのいい、真実を捉えない情報ばかりが上層部に伝わるなかで、
その情報の危うさに気づかず、判断の拠り所としてしまい、

事業に失敗する経営者は少なくない。
また安定、安全志向に陥り、伸展の勢いを損ねてしまう人もいる。
安全なビジネスを疑い、既成概念を打ち破ることが、
リスクも伴うが、ビジネスのチャンスを摑む契機となることを、
これまで幾度となく経験してきたにもかかわらず、である。
「魚は頭から腐る」というが、組織も上層部から腐っていくのである。

経営危機に瀕《ひん》すると、事業の存続をかけて、
創業期のような緊張感と熱気を取り戻すために、
やむなく組織や人事の大改革に取り組まなければならないことになる。
降格や賞与カットも、その断行にあたって、
真意が伝わらず、強い反発や不安の声があがることもあろう。

誰もが人には好かれたいし、「いい人」と見られたいものである。
しかし、「情」だけでは経営はできないし、
真の尊敬を得ることもできないだろう。
経営者とはつくづく孤独なものだと思うほかないが、
会社を「仲良しクラブ」にするわけにはいかない。
怖がられる役、嫌われる役回りを果たす人が必要なのである。
そしてもし嫌われるのが嫌なら、経営者にはならないほうがいいだろう。

44 経営に奇跡はない

すべてに原因があり、
経過があって、結果が生じる。
経営に奇跡はないし、
奇跡を望むべきではない。

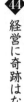

戦争体験のある、わが経営の師に聞いたことがある。
戦場において、部隊が危機に瀕したさい、
指揮官は絶対に狼狽してはならないのが鉄則だという。
なぜなら部下は、指揮官の顔色を窺い、
自らの行動を決めようとするからだ。
指揮官が動揺の色を見せれば、部下も動揺し、
危機からの脱出をはかることはますます危うくなる。
逆に指揮官が沈着冷静な態度を示せば、部下も冷静さを取り戻して、
力を合わせて危機脱出をはかろうとする。

指揮官の心構え一つが、多くの部下の生死を左右するという点では、
いまのビジネスもさほど変わらないように思われる。

企業の闘いも、戦場と変わらず、
とり巻く環境の変化は目まぐるしく、
一つとして、同じものはない。
事故や事件はつきもので、
平穏無事が続くほうが異常だと考えたほうがいい。

ただ、そうしたなかでも、信用の失墜ほど怖いものはないだろう。
業績上の危機を克服し、次第に業績が上がりだしても、
手綱《たづな》を緩めるようではいけない。
世間からの信用をほんとうに取り戻す体制を再構築できたかどうかは、
まだわからないのである。
得意先の「声」にもっと真摯に耳を傾ける。

現場に踏み込む。
直接指揮をして、徹底的に「声」を聞いてくるようにする。
その行動のなかに、掴むべき真実がある。
現場の活動を克明に記したレポートを提出させることで、
何が欠けていて、今後、何をなすべきかが見えてくるはず。
その、無限にある、なすべきことをなしていくうえで、
積極精神は欠かせない。

座して死を待つか、積極攻勢に転じるか。
逃亡の理論をむなしく組み立てるか、
生きる理論を創り上げていくか。
いずれも、後者を選択するリーダーにこそ、道はひらかれる。

経営に奇跡はないし、奇跡を望むべきではない。
すべてに原因があり、経過があり、そのうえで必然的に結果が生じる。
原因を把握してこそ、結果は変わる。
危機と対峙するなかで、リーダーの行動と心の姿勢が問われるのである。

45

経営者の心を、わが心とする

経営者の心を、わが心とせよ。あたかも鳥瞰図《ちょうかんず》を見るように、わが仕事を見渡せ。

自社の経営を、あたかも鳥瞰図を見るように眺める。
描いた全体戦略に沿って、
それぞれが自律的に役割を果たしているかどうかを観察し、
不具合が出ていないかを見る。
求められるそのときに、
求められているものを創り出すことができているかどうかを凝視する。
先を読んだ戦略が着実に実を結ぶよう、
さまざまな手をしっかりと打てているかを辛抱強く見守る。
そのように、よき経営者は「複眼」で全体を見渡す。
「単眼」だけでは、見ることのできる範囲は限られ、
何か事が起きても、手を打てない。
組織内の建設的な競争を絶やさないように、

意図的に部分最適と全体最適のバランスを操ることもできない。

よく「木を見て森を見ず」というが、

企業経営には「木を見て、森を見る」視野が必要になるのである。

組織が大きくなるほどに、それらを見渡す自分の視野を、

より拡げていく必要性に迫られることになる。

さらに各経営幹部、いや各社員には、

経営者の指示がいかなる意図のもとに出されたものかを、

明確に察知し、完全に遂行するために、

「経営者の心」を、わが心とすることが求められるのである。

禅の『臨済録』に「随所《ずいしょ》に主《しゅ》となる」という言葉がある。

どこへ行っても、自分こそが、
自分の人生や仕事の主人公であることを悟らせる禅語とされている。
そういう心持ちで、経営者だけでなく、すべての社員が、
それぞれの立場で、最大限の力を発揮することができたら、
どんなに素晴らしいことか。
社員一人ひとりは、「時計」という組織を、
正確に動かす「歯車」の役割を果たしているのかもしれない。
しかしそのいずれもが、「主人公」なのである。
それぞれの主人公が自らの役割を果たしてこそ、
時を刻むリズムは正調なものとなり、永続性も生みだされる。
お互いが締切を決めて、それを守る努力をするのも、
それぞれが会社全体のリズムを生みだす主人公だと思えば、

その任務をないがしろにすることなどなくなるだろう。

経営者の心をわが心とする人――。
それは、経営意識をもって行動する人であり、
あたかも鳥瞰図を見るように、
自らの仕事を見渡すことのできる人である。
他の人の仕事にも気を配ることができる人であり、
遅れた仕事はしないほうがましだと考える人である。
「儲け話」を聞くと、怪しんで、儲ける理由よりも、
損をする理由に眼を届かせることができる人でもある。
その条件は、数えあげれば限りがない。

決定的瞬間を見事に捉えよ。
好機は一瞬にして去る。
瞬間的決定を的確に行なえ。

どんな仕事にも、その後のゆくえを左右する決定的な瞬間が存在する。

リーダーともなれば、常にその瞬間に迫られることになる。

即断即決が基本であるにもかかわらず、どう進むかに躊躇してしまい、決断を保留し、遅延してしまうようなことがあってはならない。

まずは、自己の権限内の判断を下す。

正確な情勢判断に基づいて、スピード感をもって、的確かつ適切な判断を下すのだ。

好機は一瞬にして去る。

その勝負どころで肚を据えてとりかからなければ、好機は去るどころか、苦境に変わることもあろう。

攻め際も引き際も見極めるのは容易ではないが、さまざまなしがらみや、いかにも正しそうな理屈に惑わされ、縛られ続けていては、致命傷を負いかねない。


決断のさいに、確かな判断材料を提供してくれる数字は、膨大なデータから、単純なものまで数限りなくある。

けれども、結局は0から9までの組み合わせにすぎない。

その極めて単純であるはずの表記が、組み合わせ次第で、幅広く、さまざまな事実を、私たちに提示してくれる。

しかも見る人によって、同じ数字であっても、違う理解や判断が得られる場合もある。

それは、自分なりのデータの見方、判断基準というものを、自分なりに確立していくことができるということである。

そのように準備をして鍛え上げた瞬間的な意思決定は、経営理念という関門を通過し得る的確なものでありたい。それは経営者だけでなく、現場を率いる責任者においても変わらない。素早く的確に、「経営者の心」を「わが心」として、決定的瞬間を見事に捉えたい。

竹の成長とともに、その節《ふし》も風合いを増していくが、企業もその成長の歴史を創った節目が光り輝くようになる。現場の日々の判断も、社運を左右するような決断も、いずれも、その節々にある瞬間の決定にかかっていることを、お互いにもっと強く意識したいものである。

自分が生きてきたという足跡を残すことができるかどうか。その価値は地位や富では、測ることはできない。

幸運にも今日まで命を永らえてはいるが、
いつ何時、コロリと死んでしまうかもしれない。
だからこそ、実現しておきたいことを少しでも早くやり遂げたい。
そうして悔いなき人生を終えたあとに、戦線でともに闘った友人と、
倶会一処《くえいっしょ》（往生して極楽で再会すること）となることをひたすら願う。
それは、九死に一生を得た者にしかわからない、
そんな心境なのかもしれない。

確かに人間は、生まれ落ちると同時に、死に向かって驀進《ばくしん》している。
棺桶に入ってから、極楽浄土や天国に行けるかどうか。
それは、自分が生きてきた足跡を残すことができるかどうか、
そして、その足跡が大きいか小さいかにかかっているのではないか。

ただ、その足跡の大小というものは、
高い地位の獲得や財を成したかどうかで測れるものではない。
たとえどんなに小さな成果でも、
あなたにとっては、大きな足跡である。
日本が激動の時代、福澤諭吉は「自我作古《じがさっこ》」を唱道した。
自分こそが歴史を創っていく。
メイク・ヒストリーの気概である。
ただその歴史に、大小を問う必要などないのだ。

どの人の人生にも用意されている運命の舞台がある。
あなたの運命を大きく変えることになるその舞台は、
いつ何時訪れるのかは知る由もない。

それでも、その舞台に上がるときがやってきたら、懸命に演じることだ。
なすべきことをなしてきた人であれば、それができるだろう。

考えてみれば、人間一人の人生は短い。
けれどもその一人が残した仕事は、
百年後も残るものになるかもしれない。
いまたずさわる仕事が、どんなに小さなものに見えてもいいではないか。
志を立て、夢を描いて、やり遂げるその仕事は、
自身にとって偉大な成果である。
社会の尺度など気にする必要はない。
自分なりの、自分だけにしか残せない足跡を残す。
そんな生き方をしてみたいではないか。

未来はどのようにも変わるが、
過去の歴史は変わらない。
歴史から情報を得て、
社会に役立てることを、
妨げるものなどない。

歴史を知ることとは、過去の人間の営みを知るということである。
攻略したいエリア・地域・地区があるとしよう。
その地の歴史としっかりと向き合えば、
そこで育まれてきた風土・文化や精神といったものを知ることができる。
その「学び」は、実利に結びつくものになることを案外、人は軽視する。
もったいないばかりである。

「いま」を知るように、「過去」を知る。
ビジネスにおいて、そのことがいかに「儲け」につながるか。
現在、商取引をしている相手であれば、
まずその経済状態や信用状態はどうかということを、
誰もが常に気にかけるだろう。

それでも、相手の資本の中身や、大企業か中小企業かといった財務面は、「いま」だけを見て判断できるものではない。

過去の業績がどのように推移しているかというところに、冷静な視点が向けられてこそ、対象とする会社の実情が見えてくる。

しかもその数値の奥には、

ブランド力の浸透や世間からの信用の度合いというような、真の実力というものが透けて見えるかもしれない。

ある人は商機というものを見抜き、

ある人は投資の絶妙のタイミングを知るといった、実利面での価値を得ることにもなるだろう。

それだけではない。

歴史をよく知ることは、新たな視点を提供してくれるものにもなる。

顧客の立場に立って製品を生みだすことはビジネスの鉄則だが、その実現は容易《たやす》いものではない。

それでも、自国より成長発展が進んでいる他国の歴史に眼を向けると、一つの事業の未来を理解するためのヒントが転がっていることに、ふと気づかされるにちがいない。

逆にいえば、新興の国々には、自国の歴史をベースとして、成長発展のお手伝いをすることが可能になる。

グローバル化がいっそう進み、他国での事業展開がさらに増えるなかで、その地にある文化や風習を形成する歴史への理解が、ますます必要になってきている。

異民族を受容し、それぞれの独自性を光らせるのが、
ダイバーシティ経営の核心ではないか。
歴史を軽視する人に、そのような経営が遂行できるはずなどない。
人間の歴史は、いってみれば戦争の歴史であり、諍いの歴史である。
国家だけでなく、企業もいま、
その「闘い」をどんな類《たぐい》のものに変化させていくかが試されている。
それは、企業を動かす人たちの歴史観だけでなく、
人生観や人間観といったものが試されているといってもいいだろう。

未来はどのようにも変わるが、過去の歴史は決して変わらない。
その変わらぬ歴史から有益な情報を得て、
社会に役立てようとすることを妨げるものなどない。

歴史は逃げない。包み込み、受け止めてくれる。
あなたが近くに来てくれることを待ってくれている。

49 いつも土俵際に立っている

事業の多角化を進める場合も、
本業の延長線上にある仕事を選ぶ。
決断してからも、
いつも土俵際に立っていることを
忘れてはならない。

経済の変化に周期があるとすれば、
次の変化の兆候がいつから始まるかを見抜くことは、
とても意義あることにちがいない。
けれども経営者は、その変動に対して、
動かぬ心で向き合うことが必要である。
剛腕や敏腕を周りにほめそやされて、有頂天になって、
挙句に失敗してしまっては、何にもならない。
そうならず、首尾よく目的地に辿り着いたとしても、まだ安全ではない。
経営とは「いつも土俵際に立っている」ものなのである。

土俵際ではたとえ片足立ちになっても、
こらえきるねばりと闘志で、新たな展開をはからなければ、

すぐに土俵の外に寄り切られてしまうだろう。

その危機感を常に維持して、「大胆にして繊細」であるだけでなく、「臆病」であることも、経営には必要なのである。

時代に対応して事業の多角化をはかる場合も、細心の注意を払い、本業の延長線上で、新しい仕事を選ぶようにしなくてはならない。

重大な決断ほど、拙速になるなかれ。

決断してからも、慎重さを欠いてはならない。

もちろん、じっくりと考えすぎてしまっては、機を逃す場合もある。


では、どうしたらいいのか。

「虎の穴に入るような心境で、恐る恐る進むのだ」と、わが経営の師に教わった。

洞穴で眠っている虎は、

侵入者の気配を察して、すぐに目を覚ますだろう。

覚ましたとたん、あの鋭利な爪で、一撃でやられてしまう。

退散したいが、それでは貴重な虎児《こじ》を得ることはできない。

静かにそっと、素早く進む。

すなわちそれが「虎穴《こけつ》に入らずんば虎児を得ず」なのだと。

この覚悟と姿勢が、経営における新事業では必要になるのである。

そのようにして、一歩また一歩と前進していくならば、

確かに、次第に、自信が湧いてくることだろう。

けれども、それでも、安心してはいけない。

その自信が油断にならぬよう、自分を常に見張っていなければならない。

「虎児を得る」までは、油断大敵である。

過去と現在を結んだ延長線上に、未来があるのではない。明日は今日の延長という錯覚を捨て去ろう。

世界は今日も変容し続けている。
その速度はますます早まり、新しいものが続々と生まれてくる。
この限りなく変転を続ける時代を生き抜くうえで、
求められる見方・考え方、そして行動とは、
一体どのようなものなのだろうか。

変化についていくことができなければ、未来は危うい。
頭ではそれがよくわかっていながら、
人は、昨日の行動と同じことを今日も明日も続けようとする。
常識がいずれは非常識になることも知っていながら、
いまある常識を打ち破ることには億劫になる。
明日は今日の延長で明後日は明日の延長という「錯覚」にとらわれ、

挑戦や冒険から、わが身を避けてしまう。
組織の一員ともなれば、その傾向はいっそう高まって、
自分の保身を第一に考え出す。
この安全志向こそが、企業の持続的成長に禍をもたらす要因である。

昨日は昨日、今日は今日、そして明日は明日。
「いま」を摑み、「いま」を創ることで、
明日は切りひらかれるのである。
これまでも、企業がそうして未来を創ってきたことを、
企業で働く私たちは、もっと自覚して、
もっと誇りに思ってもいいのではないか。

未来は過去と現在を結んだ延長線上にあるのではない。
明日は今日の延長という錯覚を捨て去り、
いまある常識を打ち破る。
今日という日を、そんな一日にしようではないか。

石橋信夫◆略年表

一九二一（大正十）年　奈良県吉野郡川上村に生まれる
一九三九（昭和十四）年　奈良県立吉野林業学校卒業後、満州営林庁敦化営林署勤務
一九四一（昭和十六）年　徴兵検査で甲種合格
一九四二（昭和十七）年　前橋陸軍予備士官学校卒業。北満州・孫呉に着任
一九四五（昭和二十）年　終戦。ソ連に抑留され収容所へ
一九四八（昭和二十三）年　復員。吉野中央木材㈱に入社
一九五五（昭和三十）年　大和ハウス工業㈱を創業。常務取締役就任。工場で鉄パイプを加工して現場で組み立てる「パイプハウス」発売
一九五九（昭和三十四）年　プレハブ住宅の原点「ミゼットハウス」発売
一九六三（昭和三十八）年　大和ハウス工業㈱代表取締役社長就任
一九七一（昭和四十六）年　社団法人経済団体連合会理事就任
一九七八（昭和五十三）年　社団法人プレハブ建築協会会長就任

一九八〇（昭和五十五）年　大和ハウス工業㈱代表取締役会長就任
一九八八（昭和六十三）年　社団法人大阪工業会副会長就任
一九九二（平成四）年　大和ハウス工業㈱代表取締役相談役就任
一九九三（平成五）年　社団法人住宅生産団体連合会会長就任
一九九九（平成十一）年　大和ハウス工業㈱名誉会長就任
二〇〇〇（平成十二）年　大和ハウス工業㈱代表取締役相談役就任
二〇〇三（平成十五）年　八十一歳で逝去。従三位勲一等瑞宝章受章

パイプハウス

ミゼットハウス

〈編著者略歴〉
樋口武男（ひぐち・たけお）
1938年、兵庫県生まれ。1961年、関西学院大学法学部卒業後、鉄鋼商社に勤務。1963年、大和ハウス工業入社。山口支店長、福岡支店長などを経て、1984年に取締役、1991年に専務取締役。1993年、経営不振に陥っていたグループ会社の大和団地代表取締役社長に就任し、再建を果たす。2001年、合併により大和ハウス工業代表取締役社長に就任。2004年、代表取締役会長兼ＣＥＯ。2020年、最高顧問。著書に『熱湯経営——「大企業病」に勝つ』（文春新書）など多数。

積極精神に生きる
創業の人・石橋信夫の心とともに

2021年4月1日　第1版第1刷発行

編著者　樋口武男
発行者　櫛原吉男
発行所　株式会社ＰＨＰ研究所
京都本部　〒601-8411　京都市南区西九条北ノ内町11
マネジメント出版部　☎075-681-4437（編集）
東京本部　〒135-8137　江東区豊洲5-6-52
普及部　☎03-3520-9630（販売）

PHP INTERFACE　https://www.php.co.jp/

組版　朝日メディアインターナショナル株式会社
印刷所
製本所　図書印刷株式会社

ISBN978-4-569-84901-0